2판 1쇄 발행 2021년 06월 1일

글쓴이 권동화
그린이 오정조
펴낸이 이경민

편집 최정미 김세나
디자인 나무와 책

펴낸곳 ㈜동아엠앤비
출판등록 2014년 3월 28일(제25100-2014-000025호)
주소 (03737) 서울특별시 서대문구 충정로 35-17 인촌빌딩 1층
전화 (편집) 02-392-6901 (마케팅) 02-392-6900
팩스 02-392-6902
전자우편 damnb0401@naver.com
SNS

ISBN 979-11-6363-282-5 (74400)

※ 책 가격은 뒤표지에 있습니다.
※ 잘못된 책은 구입한 곳에서 바꿔 드립니다.
※ 이 책에 실린 사진은 위키피디아, 셔터스톡에서 제공받았습니다.

도서출판 뭉치는 ㈜동아엠앤비의 어린이 출판 브랜드로, 아이들의 지식을 단단하게 만들어주고, 아이들의 창의력과 사고력을 키워주어 우리 자녀들이 융합형 창의 사고뭉치로 성장할 수 있도록 좋은 책을 만들겠습니다.

먹을까? 말까?
먹거리 파일

글쓴이 **권동화** | 그린이 **오정조**

펴내는 글

건강하고 안전한 식생활 어떻게 할 수 있을까?
우리가 먹는 식품은 무엇으로 만들어졌을까?

　선생님의 질문에 교실은 일순간 조용해지기 시작합니다. 인내심이 한계에 다다른 선생님께서 콕 집어 누군가의 이름을 부르는 순간 내가 걸리지 않았다는 안도감에 금세 평온을 되찾지요. 많은 사람 앞에서 어떻게 말을 해야 할까 고민 한번 해 보지 않은 사람은 없을 겁니다.

　사람들 앞에서 자신의 생각을 조리 있게 전달하는 기술은 국어 수업 시간에만 필요한 것이 아닙니다. 학교 교실뿐만 아니라 상급 학교 면접 자리 또는 성인이 된 후 회의에서도 자신의 의견을 분명히 표현할 수 있어야 합니다. 하지만 어디서부터 시작해야 할지 몰라 입을 떼는 일이 쉽지 않습니다. 혀끝에서 맴돌다 삼켜 버리는 일도 종종 있습니다. 얼떨결에 한마디 말을 하게 되더라도 뭔가 부족한 설명에 왠지 아쉬움이 들 때도 많습니다.

　논리적 사고 과정과 순발력까지 필요로 하는 토론장에서 자신만의 목소리를 내려면 풍부한 배경지식은 기본입니다. 게다가 고학년으로 올라가서 배우는 수업과 진학 시험에서의 논술은 교과서 속의 내용만을 요구하지 않습니다. 또한 상대의 의견을 받아들이거나 비판하기 위해서도 의견의 타당성과 높은 수준의 가치 판단을 해야 하는 경우가 많은데, 자신의 입장을 분명히 하기 위해선 풍부한 자료와 논거가 필요합니다.

　토론왕 시리즈는 사회에서 일어나는 다양한 사건과 시사 상식 그리고 해마다 반

복되는 화젯거리 등을 초등학교 수준에서 학습하고 자신의 말로 표현할 수 있도록 기획되었습니다. 체계적이고 널리 인정받은 여러 콘텐츠를 수집해 정리하였고, 전문 작가들이 학생들의 발달 상황에 맞게 스토리를 구성하였습니다. 개별적으로 만들어진 교과서에서는 접할 수 없는 구성으로 주제와 내용을 엮어 어린 독자들이 과학적 사고뿐만 아니라 문제 해결력, 비판적 사고력을 두루 경험할 수 있도록 하였습니다. 폭넓은 정보를 서로 연결 지어 설명함으로써 교과별로 조각나 있는 지식을 엮어 배경지식을 보다 탄탄하게 만들어 줍니다. 뿐만 아니라 국어를 기본으로 과학에서부터 역사, 지리, 사회, 예술에 이르기까지 상식과 사회에 대한 감각을 익히고 세상을 올바르게 바라보는 눈도 갖게 할 것입니다.

『먹거리 X파일』의 쌍둥이 형제 준호와 진호는 편식을 하고 가공식품인 콜라나 라면, 햄 등을 너무 좋아해 학교에서도 콜라킹과 햄토리라는 별명을 가지고 있습니다. 결국 엄마는 쌍둥이를 식품 안전 캠프로 보냅니다. 그곳에서 옥수수 박사, 다알아 친구와 함께 건강하고 안전한 식생활을 위해 필요한 지식들을 배우고 어떻게 하면 올바른 식생활을 할 수 있는지 알게 됩니다. 이 책을 통해 독자 여러분 역시 일상생활에서 먹고 마시는 식품들이 어떤 성분으로 만들어졌는지 알고, 앞으로 지혜롭게 자신의 먹거리를 선택할 수 있기를 바랍니다.

편집부

펴내는 글 4

자극적인 맛 없인 못 살아! 8

1장 왜 안전하게 먹어야 해요? 11

특단의 조치

가공식품이 뭔데요?

식품 안전은 성분표 확인부터

토론왕 되기!
슬로푸드란 무엇일까요?

2장 바나나 맛 우유에는 바나나가 없다? 37

식품 첨가물이 뭐예요?

식품 첨가물, 좋을까 나쁠까?

식품 첨가물, 건강하게 먹는 방법

토론왕 되기!
가공식품과 식품 첨가물은 건강에 해로울까요?

3장 식물과 동물이 합쳐질 수 있다고? 61

슈퍼 옥수수의 등장

인간이 만들어 낸 새로운 생명체, 유전자 재조합 식품(GMO)

유전자 재조합 식품, 좋을까 나쁠까?

토론왕 되기!
자연과 사람을 살리는 친환경 농법이란 무엇일까요?

4장   구멍 뻥뻥 뚫린 배추가 좋은 배추라고? 83

보기 좋은 채소가 먹기에는 안 좋다?
건강한 식탁을 위한 로컬 푸드
식품에도 GPS가 있다?

토론왕 되기!
농촌이 아닌 도시에서 농업이 필요할까요?

5장   올바른 장보기, 식품 안전의 시작! 109

오늘은 5월 14일, 식품 안전의 날!
건강한 식생활, 함께 지켜요!

토론왕 되기!
어린이 식품 안전 이대로 좋을까요?

식품 안전 관련 사이트 125
어려운 용어를 파헤치자! 126
신나는 토론을 위한 맞춤 가이드 128

자극적인 맛 없인 못 살아!

1장

왜 안전하게 먹어야 해요?

특단의 조치

"학교 다녀왔습니다!"

준호는 집에 도착하자마자 곧장 냉장고로 달려갔어요. 준호보다 정확히 3분 일찍 세상에 태어난 진호 형이 냉장고에 차갑게 보관해 둔 콜라를 먼저 낚아챌까 봐 불안했거든요. 준호가 신발도 벗은 둥 마는 둥 하며 냉장고로 달려갔는데, 왠지 모르게 기분이 이상했어요. 평소 같으면 '또 또! 또 콜라! 엄마가 콜라 말고 물 마시랬지!' 하고 잔소리하던 엄마가 조용했거든요. 그 대신, 한껏 낮춘 엄마의 목소리만 들렸어요.

"네 선생님. 휴우, 저도 알고 있는데 워낙 개구쟁이들이라…… 네, 알겠습니다. 선생님은 괜찮으시겠어요? 어유, 죄송해요. 네 네. 이번 주 금요일, 내일이네요. 네, 감사합니다."

준호는 냉장고로 향하던 발걸음을 방으로 돌렸어요. 까치발을 하고 슬금슬금 방으로 들어가려는데 갑자기 엄마의 불호령이 떨어졌어요.

"강진호, 강준호. 이리 와 봐."

진호와 준호는 엄마 앞으로 다가가 앉았어요. 엄마의 표정은 좋지 않았지요.

"진호. 너, 엄마가 급식 남기지 말고 골고루 먹으라고 했는데, 오늘도 반찬에는 손도 안 대고 밥에 라면 스프를 잔뜩 뿌려 먹었다며? 게다가 뭐? 별명이 햄토리?"

진호는 아무 말도 하지 못했어요. 사실이었으니까요.

"준호 너도 마찬가지야. 밥은 대충 먹고 매점으로 가서 콜라 한 캔을 먹어 치웠다며? 준호 네 별명이 그래서 콜라킹이라며? 대체 너희 왜 그러니!"

엄마는 진호와 준호가 귀에 못이 박히도록 들은 얘기를 또 꺼내기 시작했어요. 성장기 어린이들은 골고루 먹어야 영양소도 골고루 흡수할 수 있어서 키도 크고 몸도 튼튼해진다는 것, 어린이들은 어른보다 면역력이 약해서 몸에 좋지 않은 성분을 먹으면 영향을 크게 받는다는 것, 때문에 여러 식품 첨가물이 많이 들어간 라면 스프나 콜라 같은 식품은 우리 몸에 좋지 않으니 되도록 먹지 말아야 한다는 것에 대해서 장황한 연설을 펼쳤지요.

계속 무릎을 꿇고 앉아 있으려니 다리가 저려 오기 시작했어요. 참다못한 진호가 냅다 외쳤어요.

"그렇지만 맛있는 걸 어떡해요!"

형 진호의 용기 있는 외침에 동생 준호도 조심스럽게 말을 꺼냈어요.

"형 말이 맞아요 엄마. 먹으면 뭐가 어떻게 나쁜지는 말해 주지도 않고, 무조건 몸에 안 좋으니 먹지 말라고 하니까 저희도 답답하단 말이에요."

엄마는 한숨을 푹 내쉬더니 말했어요.

"그래서 선생님이 너희를 '식품 안전 캠프'에 2박 3일 동안 보내면 어떠냐고 하시더라. 참 배려심 많은 선생님이시지. 엄마가 홍보 전단지를 보니까 프로그램도 잘 짜여 있고, 또 주변 환경도 굉장히 아름다웠어. 건강 먹거리 교육을 위한 최고의 시설을 갖췄다고 하니, 좋을 것 같아서 신청해 뒀단다."

엄마가 홍보 전단지를 보여 줬어요. 엄마 말처럼 전단지에는 교육을 위한 최고의 시설에 삼시 세끼 상상을 초월하는 맛있는 식사를 대접한다고 적혀 있었지요. 게다가 금요일은 단축 수업 날이라, 오전 수업만 마치고 바로 캠프로 가면 되었어요. 그럼 쌍둥이는 오후에 학원에 가지 않아도 되었지요. 쌍둥이는 동시에 외쳤어요.

"갈래요 엄마!"

"저도요, 저도 갈래요!"

진호와 준호는 밤새 즐거운 상상을 하느라 시간 가는 줄 몰랐어요. 최고의 시설이라면 최신식 건물일 게 분명했어요. 최신식 건물에서 먹는 맛있는 식사! 식품 안전 캠프의 음식은 얼마나 맛있을지 상상하는 것만으로도 행복했지요.

"준호야, 맛있는 식사라면 분명 햄 반찬도 있겠지? 오늘은 햄을 거의 못 먹어서 그런지, 자꾸만 햄 생각이 나."

"분명 있을 거야, 형. 아! 후식으로 맛있는 탄산음료도 주면 좋겠다!"

우리 몸에 꼭 필요한 5대 필수 영양소

사람은 아무것도 먹지 않으면 살 수 없어요. 특히 한참 성장기인 초등학생 때에는 반드시 음식을 골고루 먹어서 음식 속에 든 다양한 영양소를 균형 있게 흡수해야 몸이 튼튼해지고, 병에도 잘 걸리지 않아요. 우리가 꼭 먹어야 하는 5대 필수 영양소에는 어떤 것들이 있는지 알아봐요.

1 탄수화물

탄수화물은 우리 몸을 움직이는 아주 중요한 에너지원이에요. 우리 몸의 근육은 물론 뇌와 온몸의 장기들과 세포를 움직이는 데 꼭 필요하지요. 탄수화물은 1그램당 4칼로리의 열량을 가지고 있어요. 탄수화물은 밥이나 빵 같은 음식에 많이 들어 있답니다.

2 비타민

우리가 생명을 유지하는 데 꼭 필요한 영양 성분 중 하나가 바로 비타민이에요. 많은 양이 필요한 것은 아니지만 우리 몸의 생명 활동과 기능을 조절하지요. 특히 비타민은 부족하게 될 경우 병에 걸릴 수 있어요. 비타민 A, 비타민 B, 비타민 C 등 그 종류가 무척 다양해요. 비타민은 약으로 섭취했을 때보다 음식으로 섭취했을 때 더 좋답니다.

단백질

단백질은 우리 몸의 근육과 뼈, 내장 기관, 피부, 핏속 백혈구와 적혈구 등 신체를 구성하는 아주 중요한 성분이에요. 때문에 성장기의 어린이들은 단백질을 충분히 섭취해야 하지요. 단백질은 고기나 우유, 달걀, 콩 등에 많이 들어 있어요.

지방

보통 '지방'이라고 하면 비만을 일으키는 불필요한 영양소라고 생각하기 쉽지만, 절대 그렇지 않아요. 지방은 적은 양으로도 많은 에너지를 낼 수 있어 우리 몸을 움직이는 중요한 에너지원이 되어 주고, 몸속 장기를 보호하며 피하 지방은 추운 날씨에도 우리 몸속 열이 빠져나가는 것을 막지요. 또 지방은 뇌와 세포막의 구성 성분이기도 하며, 호르몬의 원료가 되기도 한답니다. 지방의 역할, 정말 놀랍지요?

무기질

우리 몸의 4퍼센트를 차지하고 있는 무기질은 '미네랄'이라고도 해요. 뼈를 튼튼하게 하는 칼슘, 뇌와 몸의 신경을 조절하고 근육이 정상적으로 작동할 수 있도록 돕는 마그네슘, 신경과 근육이 하는 일을 돕고, 핏속 적혈구를 만드는 데 꼭 필요한 나트륨 등이 바로 무기질이지요. 무기질은 과일이나 채소, 유제품, 생선 등 많은 음식에 들어 있어요.

왜 안전하게 먹어야 해요?

진호는 달걀옷을 입힌 햄 반찬과 고소하면서도 느끼함이 가득한 햄 맛을 상상하며 잠을 청했어요. 물론 준호는 캠프 냉장고에 가득 들어 있는 각종 탄산음료를 상상했지요. 기쁜 상상을 하며 쌍둥이는 어느새 잠이 들었어요.

가공식품이 뭔데요?

"이건…… 꿈일 거야."
캠프에 도착한 진호는 나지막이 중얼거렸어요. 준호도 눈앞에 펼쳐

진 이 상황이 다 꿈이기를 간절히 바랐지요. 식품 안전 캠프는 홍보 전단지에 나온 모습과는 180도 달랐어요. 눈앞에는 으리으리한 건물 대신 다 쓰러져 가는 옛 한옥이 서 있고, 전단지 속 캠프 책임자라고 생각했던 예쁜 누나 대신 머리가 거의 다 벗겨진 늙은 할아버지가 흰색 연구복을 입고 쌍둥이를 맞이했지요.

"어서 와요! 여러분이 가공식품만 찾는다는 문제의 쌍둥이죠?"

'문제'라는 말에 준호가 입을 삐죽대며 말했어요.

"가공식품은 몸에 안 좋은 나쁜 음식 아니에요? 제가 좋아하는 건 콜라라고요, 콜라!"

진호도 준호의 말을 거들며 말했어요.

"할아버지는 누구세요? 저희는 식품 안전 캠프에 온 건데요."

"내가 바로 그 캠프의 총 책임자 '옥수수' 박사예요."

진호와 준호가 듣고 싶지 않던 말을 결국 듣고 말았어요. 어젯밤 상상의 나래를 펼쳤던 것 중에 현실과 맞아떨어지는 게 하나도 없었지요. 그때 어디선가 작게 속삭이는 소리가 들려왔어요.

"박사님, 가공식품이 뭔지도 모르는 저 멍청한 애들을 어떻게 고치시려고요? 가공식품을 몸에 나쁘다고만 생각하는 저 멍청함이라니, 맙소사!"

"뭐야?"

진호의 외침에 옥수수 박사 뒤에서 작은 형체가 걸어 나왔어요. 쌍둥이와 비슷한 또래로 옥수수 박사와 같은 흰색 연구복을 입고 있었지요. 옥수수 박사가 쪼그리고 앉아 낯선 아이의 머리를 쓰다듬으며 말했어요.

"다알아 군, 친구들한테 멍청하다는 말을 함부로 하는 게 아니에요."

"자기가 좋아하는 콜라가 가공식품이라는 것도 모르는데, 뭘 어쩌시려고요?"

"모르면 가르쳐 주면 되지요."

옥수수 박사는 불룩 나온 배를 슥슥 만지더니 쌍둥이를 바라보며 말했어요. 그런데 왠지 그 배가 가짜 배처럼 옷 속에서 따로 놀고 있는 것 같다는 느낌이 들었지요. 이상하다고 여길 틈도 없이, 옥수수 박사가 잽싸게 말했어요.

"진호 군은 햄을 좋아해서 햄토리라지요? 그리고 준호 군은 콜라 같은 탄산음료를 좋아해서 콜라킹이고요."

옥수수 박사의 말에 쌍둥이는 깜짝 놀랐어요. 하지만 티를 내지 않으려고 무척 애를 쓰며 고개를 끄덕였어요.

"그 식품들이 다 가공식품이랍니다. 햄과 탄산음료 말고도 즉석 밥, 마트에서 파는 공장 두부, 라면, 캔 참치까지 말이죠."

"즉석 밥도요?"

 옥수수 박사의 캠프 자료

옛날 옛적 가공식품 만들 적에

오늘날의 식생활에서 우리 식탁의 많은 부분을 가공식품이 차지하고 있어요. 그만큼 현대 먹거리를 논할 때 가공식품 이야기는 빼놓을 수 없지요.

아주 먼 옛날, 지금으로부터 약 6천 년 전에도 소금을 이용한 절임 가공식품, 연기를 이용한 훈연 가공식품이 있었다고 해요. 약 5천 년 전에는 곡물을 이용해 발효시킨 술 같은 발효 식품이, 약 2천3백여 년 전에는 알렉산더 대왕이 인도를 정복하고 유럽으로 돌아갈 때 설탕을 가져간 이후 유럽에서는 설탕을 이용해 잼을 만드는 등 설탕 절임 가공식품이 발달했다고 해요.

또 약 200년 전에는 우유 같은 동물의 젖에 유산균을 넣어 발효시킨 요구르트가 발달하기 시작했어요. 1804년에는 프랑스의 니콜라스 아베르라는 사람이 유리병을 이용해 식품을 오래 보관할 수 있게 하는 방법을 개발하면서 1810년 영국의 피터 듀런드가 유리병 대신 양철로 음식을 보관하는 방법을 고안했고, 이것이 통조림의 발명으로 이어졌지요. 1920년대에 들어서는 식품을 빠르게 얼리는 급속 냉동법이 개발되면서 조리된 식품이나 반조리 식품을 급속 냉동시킨 냉동 가공식품이 만들어지기 시작했어요.

이 밖에도 오늘날에는 식품을 조리한 다음 알루미늄 봉지 같은 주머니에 넣어 밀봉한 뒤 고온에서 가열 살균하여 오래 보존할 수 있도록 한 레토르트 식품, 라면이나 분말 주스같이 짧은 시간에 쉽게 만들어 먹을 수 있고 저장과 보존 또한 간편한 즉석 식품 등 다양한 가공식품들이 많이 등장했어요.

준호가 물었어요.

"그래요. 모습은 집에서 만든 쌀밥과 큰 차이는 없지만, 공장에서 쌀밥을 간편하고 먹기 쉽게 만든 것이기 때문에 가공식품이지요. 한마디로 가공식품은 농산물, 축산물, 수산물 같은 각종 식품의 원료를 그 특성을 잘 살려 공장에서 먹기 쉽게 가공해서 맛있게, 더 오래 보관할 수 있도록 만든 식품이랍니다. 무조건 나쁘다고 할 수 없는 식품이에요. 가공식품 덕에 우리가 다양한 식품들을 오래 보관하면서 먹을 수 있게 되었으니 말이지요."

옥수수 박사의 말이 끝나자마자 다알아 군이 웃으며 말했어요.

"이제 알겠어? 못 알아들었으면 어디 좀 적어 놓지 그래?"

"이게 진짜!"

다알아 군보다 몸집이 조금 더 큰 진호가 다알아 군에게 주먹질하려 했어요. 그러자 옥수수 박사가 당황해하며 진호를 말리고는 말했어요.

"자 자, 여기서 이러지 말고 들어가자꾸나. 캠프 생활 규칙도 소개해야 하니까."

쌍둥이는 다 쓰러져 가는 한옥 안으로 들어가는 게 내키지 않았어요. 하지만 저기 저 앞에 약 올리듯 걸어가는 다알아 군을 한 대 쥐어박지 않으면 못 견딜 것 같았지요. 그래서 재빨리 옥수수 박사의 뒤를 따라 한옥 안으로 들어갔어요.

식품 안전은 성분표 확인부터

쌍둥이는 자기 몸집의 두 배나 되는 배낭을 바닥에 내려놓았어요. 한옥 안은 꽤 넓었지만, 생각했던 것보다 더 허름했어요. 전기가 들어오는 것이 신기할 지경이었지요. 텔레비전은 있지만 안 쓴 지 오래된 듯 먼지가 많이 쌓여 있었어요. 주방 쪽에서는 징 하는 소리가 들렸어요. 아마 냉장고나 전자레인지가 있는 듯했어요.

준호가 걱정스러운 듯 물었어요.

"저기, 박사님. 저희가 몇 번째 참가자인가요?"

"안 그래도 그 얘기를 하려 했답니다! 여러분이 옥수수 박사와 함께 하는 식품 안전 캠프의 두 번째 손님이에요!"

"뭐라고요?"

쌍둥이는 믿을 수 없었어요. 한옥 상태를 봐서는 이미 수백, 아니 수천 명의 손님이 왔다 간 것 같았거든요. 하지만 형답게 진호는 침착하게 말을 이었어요.

"그럼 저희가 여기 며칠이나 있어야 하는 건가요?"

"부모님께 못 들었나요? 2박 3일입니다. 혹시, 배낭 속에 먹을 게 들어 있나요?"

"네."

쌍둥이는 배낭을 열어 옥수수 박사에게 안을 보여 주었어요. 안에는 각종 음료수와 과자들이 한가득 있었어요. 엄마가 챙겨 준 옷가지들과 세면도구는 배낭 한쪽 구석에 처박혀 있었지요.

"이 캠프에서는 외부 음식이 철저하게 반입 금지되어 있다는 얘기도 듣지 못했나 보군요! 이것들은 전부 다 압수입니다. 외부 음식 반입 금지! 그것이 이 캠프의 첫 번째 규칙이에요."

"맙소사!"

쌍둥이는 몹시 화가 났어요. 특히 음료수를 잔뜩 싸 온 준호는 더 화가 났지요. 화풀이라도 하고 싶은 마음에 다알아 군을 째려보는데, 또 어디선가 말소리가 들렸어요.

"부럽다. 너넨 그런 거 먹을 수 있어서."

소리가 난 쪽으로 고개를 돌려 보자 여자아이 한 명이 서 있었어요. 쌍둥이와 비슷한 또래의 아주 예쁘장한 소녀였지요. 그렇지만 어딘가 모르게 힘이 없어 보였어요.

"아, 인사해요. 나걱정 양이에요. 우리 캠프의 첫 번째 손님이지요. 나걱정 양은 아토피가 있어서, 과자나 콜라 같은 가공식품을 먹으면 알레르기를 일으킬 수도 있어요. 그래서 먹어서는 안 된답니다."

"안됐다. 콜라가 얼마나 맛있는데."

준호는 안타까운 눈빛으로 걱정이를 바라봤어요. 그때 옥수수 박사가 외쳤어요.

"여기서 문제! 가공식품에 어떤 성분이 들어 있는지 아는 방법은 무엇일까요? 맞히는 친구한테는 특별 저녁 식사 메뉴를 제공하겠어요!"

그러자 다알아 군이 볼멘소리로 중얼거렸어요.

"저런 것도 문제라고…… 어유."

"이게 진짜!"

진호가 다알아 군에게 달려들려 했어요. 그러자 나걱정 양이 진호를 말리며 조그만 목소리로 대답했어요.

"식품 포장지 뒷면이나 병에 붙은 라벨을 보면 돼요. 거기에는 어떤 성분이 들어 있는지 나와 있는 표가 있거든요. 사실 그걸 봐도 마치 외계어처럼 어려운 이름이 많아서, 뭐가 뭔지 잘 모르겠지만요."

"오호, 정답이에요 나걱정 양! 그게 바로 원재료명 표시예요."

걱정이는 정답을 맞히고서 씩 웃었어요. 그 미소를 본 진호는 걱정이가 부러웠어요. 특별 저녁 메뉴라면 고기나 햄 같이 맛있는 반찬이 분명할 테니까요. 진호가 물었어요.

"원재료명 표시요? 과자 포장지 뒤에 그런 게 나와 있다고요?"

진호의 말에 다알아 군이 아까 압수했던 과자와 음료수를 세 아이에게 각각 나눠 주었어요. 옥수수 박사가 입을 열었어요.

"진호 군, 진호 군이 들고 있는 음료 라벨에 적힌 성분표를 한번 읽어 봐 줄래요?"

진호는 과자나 음료수를 사면 뜯고 먹기에만 바빴지, 포장지나 라벨을 자세히 볼 생각은 해 본 적이 없었어요. 진호가 음료 라벨을 살펴보더니 말했어요.

"영양 성분. 1회 제공량······."

"아니, 그건 영양 성분표예요. 그 표 아래나 옆쪽을 보면 아마 '식품의 유형'으로 시작하는 글이 있을 텐데요."

영양 성분표와 원재료명 표기

영양 성분표와 원재료명 표시는 우리가 구입하는 가공식품에 반드시 의무적으로 표기하도록 되어 있어요.

영양 성분표 가공식품의 포장지에는 열량, 탄수화물, 단백질, 지방, 나트륨 등 다섯 가지 영양소의 성분뿐만 아니라 트랜스지방, 당류, 포화지방, 콜레스테롤 함량 역시 표기되어 있어요. 영양 성분표를 꼼꼼히 확인하면 소아 비만과 소아 당뇨의 원인이 되는 당과 나트륨 섭취도 조절할 수 있고, 내가 먹는 음식의 영양적 가치를 쉽게 알 수 있어요.

원재료명 표기 영양 성분표 외에도 가공식품 포장지에는 제품명과 유통 기한, 원재료명 역시 의무적으로 표기되어야 해요. 알레르기를 유발할 수 있는 난류(조류가 낳은 알), 우유, 메밀 같은 식품이 들어 있을 때에도 반드시 별도로 표기해야 하지요. 여러 종류의 식품 첨가물 역시 원재료명 표기에 빠져서는 안 되는 중요한 항목이에요. 원재료명 표기를 확인하는 것은 소비자들이 현명한 소비자로서 스스로 건강을 지키고, 자신에게 알맞은 식품을 고르는 첫걸음이라고 할 수 있어요.

왜 안전하게 먹어야 해요?

"아, 네! 있어요! 식품의 유형 탄산음료, 원재료명 파인애플 농축액 수입산, 정제수, 백설탕, 탄산가스, 합성착향료, L-글루타민산나트륨……."

"네네 좋아요. 바로 이 표가 우리가 먹는 가공식품에 어떤 성분이 들어 있는지를 나타내 주는 알림표랍니다. 이 표를 통해 원재료가 어디에서 생산되었는지, 어떤 식품 첨가물이 들어갔는지 확인할 수 있지요."

식품 성분표를 본 준호는 고개를 갸우뚱했어요. 일단 자주 먹었던 음료수에 합성착향료나 L-글루타민산나트륨 같은 외계어 같은 물질이 들어간다는 것에도 놀랐지만, 이렇게 다양한 성분들이 하나의 음료수에 들어 있었다는 사실을 처음 알았기 때문이지요. 놀란 준호의 얼굴을 본 옥수수 박사가 웃으며 말을 이었어요.

"우리가 가게에서 사 먹는 식품 같은 경우에는 우리 눈으로 이렇게 직접 성분을 확인할 수 있지만, 외식을 하는 경우에는 이런 성분을 일일이 확인하기 어려운 경우가 많아요. 게다가 우리 식생활이 많이 서구화되면서, 국민의 35%가 하루 3끼 중 1끼 이상을 밖에서 사 먹는다고 하니 더 걱정이지요."

그러자 걱정이가 불쑥 대답했어요.

"네? 박사님? 저 부르신 거예요?"

"허허! 미안하군요, 걱정 양. 아니에요. 걱정 양도 내 얘기를 한번 들어 보세요. 이렇게 밖에서 사 먹는 음식은 주로 자극적인 맛을 내기 위해 나트륨이나 당류를 과다하게 첨가하는 경우가 많아서 특정 영양 성분을 과잉 섭취하게 되기도 해요. 게다가 국가 간 자유 무역 협정, 즉 FTA의 체결이 늘어나면서 국가 간 식품 교류도 늘어났기 때문에 식품 안전을 지키는 것이 더 중요해졌답니다. 그래서 우리가 먹는 음식에 어떤 성분이 들어 있는지, 그 성분이 우리에게 어떤 영향을 미치는지 알고 먹어야 해요. 그게 여러분이 이 식품 안전 캠프에 온 이유이기도 하고요!"

쌍둥이는 옥수수 박사의 말을 잘 이해할 수 없었어요. 슈퍼마켓에 진열되어 있는 식품들은 다 먹으라고 팔고 있는 것 아닌가요? 그런데 왜 굳이 성분을 보고, 알고 먹어야 하는지 아직은 잘 이해할 수 없었지요. 답답한 마음에 침을 꼴딱 삼키는데, 옥수수 박사가 듣던 중 반가운 소리를 했어요.

"자, 벌써 해가 지고 있네요. 다들 많이 시장하죠? 우리 캠프에는 차 먹어 할머니가 여러분의 2박 3일 식사를 책임지고 있답니다. 자, 다들 식당으로 이동해요!"

진호와 준호, 걱정은 식당으로 향했어요. 평소 간식으로 자주 먹던 과자와 음료수를 먹지 못한 탓에, 괜히 신경질이 나는 것 같았지요. 하지만 캠프 홍보를 하는 광고에 나왔던 '상상을 초월하는 맛있는 식사'를 떠올리니 발걸음은 가벼웠어요. 하지만 식당에 도착해서 식탁 위에 차려진 음식들을 본 쌍둥이의 기대는 와르르 무너졌어요.

"이게 뭐예요! 순 풀밖에 없는데요?"

"이게 무슨 상상 초월의 식사예요? 햄도 없잖아요!"

그러자 옥수수 박사가 이럴 줄 알았다는 듯 환하게 웃으며 말했어요.

"그러니까 상상 초월이지요! 여러분은 햄, 소시지 반찬을 상상할 테지만, 그런 건 집에서도 자주 먹잖아요? 그러니 우리 캠프에서는 상상 초월의 반찬들을 마련했답니다. 자, 차먹어 할머니?"

식당 한구석에서 동상처럼 앉아 있던 차먹어 할머니가 몸을 일으켜 아이들 쪽으로 걸어왔어요.

"여기, 특별 저녁 식사 메뉴를 받게 된 사람이 누궁교?"

"저요!"

걱정이가 손을 번쩍 들며 말했어요. 쌍둥이는 그저 부러운

눈으로 걱정이를 바라보았지요. 차먹어 할머니가 말했어요.

"자, 특별 메뉴인 고등어 구이다. 가시는 알아서 발라 먹어야 혀, 알겠지?"

"네. 우아!"

걱정이는 기쁜 표정으로 고등어 구이를 먹기 시작했어요. 하지만 쌍둥이는 식욕이 더 뚝 떨어졌어요. 생선 반찬은 비리다며 평소에도 잘 먹지 않았고, 가시도 발라 먹을 줄 몰랐거든요. 쪽을 튼 희끗희끗한

머리에 한복을 입은 차먹어 할머니가 쌍둥이를 향해 크게 호통 치듯 말했어요.

"느그들은 밥 안 먹고 뭐들 하냐? 이게 바로 건강 밥상이여! 나물, 쌈채소, 장아찌, 달걀찜까지 있잖여! 지금 제사 지내냐? 주면 주는 대로 먹을 것이지 동상처럼 왜 가만히 있는겨 이것들이? 그냥 확! 숟가락을 뺏어 불라!"

차먹어 할머니의 기에 잔뜩 눌린 진호가 형답게 먼저 밥을 한 숟가락 퍼서 입에 넣고는 장아찌 반찬에 젓가락을 가져갔어요. 하지만 머릿속에서는 햄 생각이 떠나지 않았지요. 장아찌나 나물은 집에 있을 때는 손도 안 대던 반찬이에요.

먹을 게 없다고 울고 떼쓰면 꼭 햄을 부쳐 주던 엄마 모습이 떠오르자, 진호는 눈물이 날 것 같았어요. 결국 진호는 냅다 숟가락을 집어 던지며 외쳤어요.

"나 안 먹어요! 다 맛없는 것들밖에 없잖아요! 햄 없으면 안 먹을 거라고요!"

"맘대로 해라 요것들아! 먹든지 말든지, 맘대로 해!"

차먹어 할머니가 차갑게 말했어요.

진호의 모습을 지켜보던 준호도 들었던 숟가락을 살포시 내려놓았어요. 결국 준호는 씩씩거리며 방으로 들어갔지요. 준호는 배가 고팠지만, 형 말처럼 반찬들은 다 맛이 없어 보였어요.

  그 모습을 본 옥수수 박사는 아이들을 말리지도 따라 나가지도 않았어요. 그저 슬며시 미소만 지을 뿐이었지요. 그 미소가 왠지 모르게 음흉했어요. 그런 옥수수 박사의 음흉한 미소를 준호는 놓치지 않았어요.

슬로푸드란 무엇일까요?

패스트푸드(Fast Food)는 햄버거나 피자처럼 주문하면 곧바로 먹을 수 있는 음식이에요. 비만과 성인병 등의 원인이 되지요. 그럼 슬로푸드란 무엇일까요? 바로 패스트푸드와 정반대되는 것이 슬로푸드(Slow Food)예요.

1986년 패스트푸드업체의 대명사인 미국의 맥도날드가 이탈리아 로마로 진출했어요. 이에 카를로 페트리니와 그의 동료들이 맛을 표준화하고 전통음식을 소멸시키는 패스트푸드를 먹지 말고 식사와 미각의 즐거움, 전통을 보존하자는 기치를 내걸었어요.

국제적인 슬로푸드 재단도 설립되어 여러 가지 사업을 펼치고 있지요. 여러 작물을 재배하고 다양한 요리법을 구사했던 전통 농업과 음식 문화를 되살리기 위한 프로젝트를 진행하고 있어요. 한편 우리나라에는 2000년에 슬로푸드가 소개되기 시작해 같은 해 국제슬로푸드 한국협회(www.slowfood.or.kr)가 설립되었어요.

슬로푸드는 단순히 오랫동안 숙성하거나 천천히 조리한 음식만 말하는 것은 아니에요. '자연의 시간대로 순응하며 자란 친환경 먹을거리'를 뜻하기도 한답니다. 우리 조상들이 먹던 전통음식들, 예를 들어 된장·고추장 등 장류, 김치, 젓갈 등이 우리의 대표적인 슬로푸드예요.

슬로푸드 운동은 패스트푸드에 저항하는 운동으로 시작됐지만 이제는 자연과 조화로운 관계 속에서 작물을 재배하고 동식물을 기르자는 운동으로 발전했어요. 또한 이 운동은 생산자와 소비자, 농촌과 도시를 자연스럽게 연결시켜 주었지요.

건강한 먹거리에 대한 관심이 높아지면서 식품의 원산지까지 꼼꼼하게 따져 고르는 소비자들이 늘어남에 따라 지역 특산물에 제철과일, 건강 식재료, 유정란, 커피 등을 산지에서 도시까지 배송해 주는 서비스도 빠르게 성장하고 있어요. 격일 또는 일주일 등의 주기로 산지에서 생산된 식재료를 배달해 주는 서비스나 건강한 먹거리의 생산부터 가공, 유통이 한곳에서 이뤄지는 정기 배송 서비스 등 종류도 다양해요.

발효식품인 된장

누가 누가 틀렸을까?

진호와 준호, 알아와 걱정이가 다 함께 슈퍼마켓을 방문해 진열된 식품을 살펴보며 한 마디씩 나누었어요. 다음 네 사람 중 잘못 알고 있는 사람은 누구일까요?

진호: 과일에는 비타민이 엄청 풍부하대. 비타민은 약으로 섭취하기도 하지만, 식품으로 섭취할 때 더 좋다고 해.

준호: 간장은 자연적으로 만들기 때문에 가공식품이 아닌 천연 식품이야.

알아: 식품 포장지의 영양 성분과 원재료명을 표시하는 것은 반드시 지켜야 하는 의무 사항이야.

걱정: 성장기 어린이일수록 골고루 먹어야, 우리 몸이 영양소도 골고루 흡수할 수 있어서 몸이 튼튼해지는 거야.

정답: X 준호

간장은 공장에서 대량으로 만드는 가공식품이에요. 콩, 밀, 소금 등 여러 가지 재료를 배합해 만들지요. 간장을 만들 때 미생물이 필요한데, 미생물을 배양해 간장의 재료와 섞으면 시간이 지나면서 간장이 돼요. 여러분도 집에서 부모님과 함께 간장을 만들어 볼 수 있어요. 고추장, 된장 등도 집에서 만들 수 있답니다.

2장

바나나 맛 우유에는 바나나가 없다?

식품 첨가물이 뭐예요?

다음 날, 식품 안전 캠프의 두 번째 날이 밝았어요. 쌍둥이는 아침부터 기운이 쭉 빠졌어요. 아침 식사에도 두 사람이 좋아하는 반찬은 하나도 없었거든요. 그렇지만 어제 저녁도 굶은 탓에, 배가 너무 고팠어요. 그래서 진호와 준호는 밥과 김 반찬 하나로만 밥을 꾸역꾸역 먹었어요. 하지만 걱정이는 익숙한 듯 반찬을 골고루 먹었지요. 준호가 걱정이에게 살짝 물었어요.

"걱정아, 넌 이런 반찬들이 맛있어?"

"응. 처음에는 괜히 색깔이나 모양이 이상하다고 생각해서 나도 잘 안 먹었는데, 엄마 아빠가 맛있게 먹는 모습을 보니 괜히 한번 먹어 보고 싶더라고. 그랬더니 웬걸, 생각보다 괜찮은 거야. 특히 이 가지 조림! 미끌거리고 시커멓게 생겼지만 의외로 고기 같은 맛이 나."

걱정이 말을 들은 준호는 젓가락으로 가지 조림을 슬쩍 집어 보았어요. 사실 준호도 평소에 그런 반찬들을 먹어 보지도 않고서, 생김새만으로 맛을 판단하곤 했거든요. 가지 조림을 막 입에 넣으려는 그때, 진호가 코를 킁킁대며 말했어요.

"준호야! 이거 무슨 냄새야? 이거 혹시, 라면 냄새 아니야?"

"형! 라면이 어딨…… 맞다! 이거 라면 냄새 맞아!"

쌍둥이는 라면 냄새가 나는 쪽으로 고개를 휙 돌렸어요. 그러자 허름한 식당 한쪽 구석에서 호로록 호로록 소리를 내며 라면을 먹는 옥수수 박사가 눈에 들어왔지요. 진호는 화가 잔뜩 나서 들고 있던 숟가락도 팽개치고 벌떡 일어나 옥수수 박사에게 다가갔어요.

"박사님! 이거 정말 너무하신 거 아니에요? 캠프비는 저희가 냈는데 박사님은 맛있는 라면을 먹고, 저희는 맛없는 가지 조림 같은 반찬이나 먹고! 이건 너무 심하잖아요!"

옥수수 박사는 빙그레 웃으며 말을 이었어요.

"여러분이 먹는 식사가 라면보다 훨씬 맛있는 것 같은데요?"

"그게 무슨 소리세요? 라면의 쇠고기 냄새가 훨씬 맛있겠는데."

"아하, 이 쇠고기 냄새 말인가요? 이건 라면 스프에 쇠고기 엑기스, 쇠고기 맛 조미분, 향미 증진제, 쇠고기 맛 풍미분 등을 넣었기 때문에 나는 향이랍니다."

"향미 증진제? 조미분? 그게 뭐예요? 먹는 건가요?"

"다시 말해서, 쇠고기나 소뼈를 끓여 우려낸 뒤, 그 엑기스에 각종 조미료를 넣어서 쇠고기의 맛과 향을 더욱 강하게 했다는 말이에요. 때로는 실제 고기나 뼈를 우려서는 이윤이 많이 남지 않아서, 소금에 화학조미료를 넣어 맛을 내고, 쇠고기 풍미분이나 해물 풍미분을 넣어서 라면 특유의 맛을 내기도 하지요."

"네? 해물 맛 라면에 해물이 안 들어갈 수도 있다는 말씀이세요?"

진호의 계속되는 질문에 옥수수 박사는 다시 빙긋 웃고는 라면의 마지막 국물까지 다 먹었어요. 쌍둥이의 목에서 꼴깍, 침 넘어가는 소리가 들렸어요. 준호는 들고 있던 가지 조림을 자기도 모르게 입에 쏙 넣었어요. 그러고는 깜짝 놀라 말했어요.

"우와…… 생각보다 맛있잖아?"

"야, 생각보다 맛있기는. 라면은 원래 맛있는 거라고."

"아니 형, 그게 아니라…… 가지 조림이……."

준호의 말이 끝나기도 전에 옥수수 박사가 입을 열었어요.

"라면에는 많은 식품 첨가물과 조미료가 들어간답니다. 라면처럼 우리가 먹는 대부분의 가공식품에는 식품 첨가물이 들어가지요. 자, 식사 다 마쳤으면 교실로 이동할까요? 오늘은 우리 다알아 군의 생일이라, 특별한 생일 파티를 준비했으니까요."

식품 첨가물은 진호가 매일 햄 반찬만 찾을 때 엄마가 늘 입에 올리던 단어였어요. 뉴스에서, TV에서 만날 들은 말이었지만, 뭔지 정확히 몰랐던 바로 그 단어였지요. 교실로 향하는 옥수수 박사의 뒷모습을 보며, 진호는 눈을 부릅떴어요. 엄마가 아는 단어를 옥수수 박사도 알고 있다니, 어쩌면 엄마와 옥수수 박사가 한통속일지도 모른다는 생각이 들었지요.

식품 첨가물, 좋을까 나쁠까?

교실로 들어서자 쌍둥이와 걱정이는 눈이 휘둥그레졌어요. 교탁 위에 먹을거리들이 가득했거든요. 생일 파티에 빠지지 않는 햄버거, 피자, 치킨은 물론 준호가 가장 좋아하는 콜라와 탄산음료, 오렌지 주스, 아이스크림, 초코 우유, 김밥, 사탕, 초코볼에 과자들까지 없는 게 없었어요!

"그럼 그렇지! 이제야 상상을 초월하는 맛있는 식사가 나왔네요!"

"앗싸! 난 콜라!"

진호와 준호가 잽싸게 달려가 음식들을 덥석 집으려 할 때였어요.

"안 돼!"

교탁 뒤에 있던 다알아 군이 머리를 불쑥 내밀며 크게 외쳤어요.

"맞아요. 우리 캠프의 두 번째 규칙이 '캠프에서 음식을 먹을 때, 음식에 어떤 성분이 들어 있는지를 한번씩 살펴보고 먹는다'랍니다."

옥수수 박사의 말에 준호가 재빨리 대답했어요.

"그럼 어제 알려 주신 포장지 뒷면을 보면 되죠! 원재료명 표시에 다 나와 있잖아요. 제가 읽을게요, 콜라부터 읽고 마셔야지……. 정제수, 액상과당, 탄산가스, 캐러멜 색소, 인산, 합성감미료, 천연착향료……, 어 뭐지? 콜라에는 탄산이랑 물, 설탕만 들어간 게 아니네?"

"그건 뭐야? 마법의 주문 같은 거야?"

걱정이의 물음에 진호가 대답했어요.

"이건 초코 우유 성분이야."

"말도 안 돼! 초콜릿과 우유로 만드는 거 아니야?"

아이들의 웅성거림에 옥수수 박사가 씩 웃으며 말했어요.

"여러분은 모를 테지만, 우리가 먹는 대부분의 가공식품에는 우리가 생각하는 것 이외에 많은 물질이 첨가됩니다! 자, 여러분은 음식을 살 때 어디서 사나요?"

그러자 아이들이 한목소리로 대답했어요.

"슈퍼마켓이요."

옥수수 박사가 고개를 끄덕이고는 말을 이었어요.

"그렇죠. 요즘은 우리가 직접 음식 재료를 기르지 않아도, 슈퍼마켓에 가면 쉽게 여러 식품들을 살 수 있어요. 예전에는 집에서 음식을 만들면서 햇볕이나 바람 같은 자연의 힘으로 음식을 더 맛있게, 더 오래 보관할 수 있게 했지만, 요즘은 대부분의 음식을 공장에서 만들어요. 화학 물질로 만든 식품 첨가물을 넣어서 음식을 더 빨리 간편하게 만들고, 색이나 향을 추가해서 음식을 더 먹음직스럽게 보이도록 만들지요. 또 공장에서 슈퍼마켓까지 음식이 운반되는 동안, 상하지 않게 식품 첨가물을 사용하지요."

식품 첨가물의 역할에 따른 용도와 특성

식품의약품안전처는 합성·천연으로 구분했던 식품첨가물을 2018년부터 용도를 기준으로 하는 31가지 분류로 바꾸었어요. 이는 기술의 발달로 합성과 천연의 구분이 모호해졌고 보존이나 맛 추가 등 용도가 늘어나 사용 목적을 명확하게 하기 위해서 예요.

1. 발색제 : 가공 과정에서 식품의 색이 변하는 것을 막기 위해 쓰이는 첨가물
  – 아질산나트륨, 아초산나트륨 등이 있어요. 특히 생고기는 공기와 만나면 검붉은색으로 변하기 때문에, 고기 색이 변하지 않도록 하는 데 쓰이지요.
  소시지나 햄 같은 가공식품에 주로 쓰여요.

2. 착색제 : 식품에 색을 입혀 알록달록하게 꾸며 주는 첨가물
  – 식용색소 녹색 3호, 적색 2, 3호, 황색 4, 5호 등이 있어요. 가공식품의 온갖 다채로운 색깔은 다 이 착색제 덕분이에요. 아이스크림, 과자, 음료수, 사탕 등 광범위하게 쓰여요.

3. 탈색제 (표백제) : 식품의 색을 완전히 빼서 식품을 하얗게 만드는 첨가물
  – 아황산나트륨 등이 있어요. 식품을 하얗게 만든 다음, 다른 색으로 물들일 때 많이 쓰이지요. 과자나 빵, 물엿, 포도주 등에 많이 쓰여요.

4. 착향료 : 식품의 향을 좋게 할 때 쓰이는 첨가물
  – 바닐라 향, 딸기 향 등이 있어요. 주로 식품을 제조하면서 식품 고유의 냄새가 사라질 때, 그 향을 덧입혀 유지하기 위해 사용되지요. 아이스크림이나 음료수 등에 많이 쓰여요.

5. 감미료 : 식품의 식감과 맛을 좋게 해 주는 첨가물
  – 아스파탐, 소르비톨, 수크랄로스 등이 있어요. 주로 단맛을 내며, 설탕 대신 많이 쓰이고 있는 첨가물이에요. 청량음료, 과자, 아이스크림 등에 많이 쓰여요.

6. 팽창제 : 빵이나 과자를 만들 때 밀가루에 넣어 부풀릴 때 쓰이는 첨가물

− 탄산수소나트륨, 소암모늄명반 등이 있어요. 팽창제를 넣으면 빵과 과자가 잘 부풀고, 모양을 유지시켜 주며 속도 부드러워져 맛과 식감이 좋지요. 빵이나 과자, 초콜릿 등에 많이 쓰여요.

7. 유화제 : 서로 섞이기 어려운 식품 재료들을 서로 잘 섞이게 할 때 쓰이는 첨가물
 − 글리세린지방산에스테르, 카제인나트륨 등이 있어요. 물과 기름은 서로 섞이지 않는 식재료예요. 여기에 유화제를 넣으면 그 두 물질이 서로 잘 섞이게 되어 식품을 만들기 쉬워져요. 아이스크림, 과자, 빵 등을 만들 때 많이 쓰여요.

8. 안정제 : 다른 첨가물이 식품 안에서 안정적으로 자리 잡도록 할 때 쓰이는 첨가물
 − 젤라틴, 펙틴 등이 있어요. 착색제가 든 음료수에 안정제를 넣으면, 착색제가 골고루 잘 섞이는 효과가 나타나지요. 빵이나 음료수 등에 많이 쓰여요.

9. 합성보존료 (방부제) : 음식을 썩지 않게 해 주는 첨가물
 − 소르빈산, 안식향나트륨, 프로피온산 등이 있어요. 식품은 공기 중의 세균과 미생물이 식품에 들어오면서 상하게 되는데, 합성보존료는 이를 막아 세균과 곰팡이가 자라지 못하게 해요. 치즈나 초콜릿, 빵, 음료수 등에 많이 쓰여요.

10. 살균제 : 균을 죽이는 첨가물
 − 표백분, 차아염소산나트륨 등이 있어요. 두부나 어육 제품에 많이 쓰이지요.

11. 산화방지제 : 지방이 많이 든 음식이 상하는 것을 막아 주는 첨가물
 − 부틸히드록시아니솔, 부틸히드록시톨루엔, 아황산염류 등이 있어요. 지방이 공기 속 산소와 만나 변질되는 것을 막아 주어 식품의 품질 저하와 변색을 막아요. 주스나 수프, 과자 등에 주로 쓰여요.

12. 향미증진제 : 식품에 감칠맛을 내게 하는 첨가물
 − L-글루타민산나트륨(MSG) 등이 있어요. 과자, 통조림, 음료수, 조미료 등에 많이 들어 있어요.

진호와 준호는 머릿속이 복잡했어요. 분명 엄마는 식품 첨가물이 나쁘다고 했는데, 옥수수 박사님 말은 식품 첨가물이 우리에게 꼭 필요한 것이라는 생각이 들게 했거든요.

궁금함을 참지 못하고 준호가 물었어요.

"박사님 말씀은 식품 첨가물이 꼭 필요한 것처럼 들리는데, 그럼 식품 첨가물은 좋은 거예요?"

옥수수 박사가 빙긋 웃으며 대답해 주었어요.

"정말 좋은 질문이에요. 식품 첨가물은 앞에서 말한 것처럼 분명 장점이 있어요. 그런데 문제는 식품 첨가물에는 자연에서 온 천연 첨가물도 있지만, 비용과 시간 문제 때문에 대부분 화학 물질로 만든 합성 첨가물을 주로 사용한다는 데 있어요. 합성 첨가물은 자연 상태의 것이 아니기 때문에, 우리 몸에 어떤 영향을 미칠지 모르는 일이지요."

쌍둥이는 침을 꿀꺽 삼켰어요. 내가 좋아하는 음식에 든 성분이 내 몸에 미칠 영향 따위는 한 번도 생각해 본 적 없었거든요. 하지만 이상했어요. 지금 쌍둥이는 무척 건강하거든요. 식품 첨가물이 몸에 좋지 않다는 옥수수 박사의 말이 거짓일 수도 있다는 생각에, 진호가 자신 있게 외쳤어요.

"박사님, 그건 아닌 것 같아요. 저는 거의 매일매일 햄을 먹는데, 그럼 전 벌써 몸이 안 좋아져야 하잖아요. 그런데 전 정말 건강하거든요."

"맞아요, 저도 뉴스를 봤는데 식품 회사 직원이 식품 첨가물을 해롭지 않은 기준치 내로 넣기 때문에 위험하지 않다고 인터뷰했어요."

옥수수 박사의 표정이 굳어졌어요. 그러자 다알아 군이 재빨리 말했어요.

"너네, 그런 실험은 어떻게 하는지 알고나 하는 소리야?"

"그럼 알지. 실험 쥐한테 식품 첨가물을 하나씩 먹이고, 양을 늘리거나 줄여 가면서 유전자에 영향을 주는지, 알레르기를 일으키는지 관찰한다고 했어. 그렇게 오랫동안 관찰해서 사람이 먹어도 되는 양을 정한대. 보통 쥐 한 마리가 하루에 먹어도 괜찮은 양의 약 100분의 1을 사

람이 먹는 하루 기준치로 정하기 때문에 진짜 안전하다고 말하는 걸 봤다고, 내 두 눈으로 똑똑히!"

진호가 으스대듯 대답했어요. 그러자 다알아 군은 콧방귀를 뀌며 대답했지요.

"멍청아, 너는 하루에 식품 첨가물을 한 가지만 먹냐?"

"그게 무슨 소리야?"

"실험 쥐는 겨우 한 가지 정도의 식품 첨가물만 먹이고 관찰하는 거라고. 그런데 넌 하루 동안 햄버거도 먹고 콜라도 먹고, 과자, 주스, 빵도 먹잖아. 햄버거에 들어가는 케첩과 마요네즈에도 식품 첨가물이 여러 가지 들어 있고, 콜라, 과자나 주스, 빵에도 여러 종류의 식품 첨가물이 들어간다고. 그런데 문제는 한 식품 첨가물이 다른 첨가물을 만났을 때 우리 몸에 어떤 영향을 미치는지는 많이 알려져 있지 않다는 거야. 알레르기 같은 질환을 일으킬지 아닐지는 아무도 모른다고. 너만해도 이렇게 수십 가지의 식품 첨가물을 하루에 다 먹는데, 쥐 실험만 믿고 식품 첨가물이 든 가공식품을 대책 없이 마구 먹는 게 과연 좋을까?"

진호는 아무 대답도 할 수 없었어요. 최고의 친구 햄에는 과연 어떤 식품 첨가물이 들어 있을지 걱정되기 시작했어요. 옥수수 박사가 다알아 군의 말을 받았어요.

"맞아요. 성인 어른이 1년에 약 4킬로그램의 식품 첨가물을 먹는다고 하는데, 그중에 약 50퍼센트에서 80퍼센트만 몸 밖으로 배출되고, 나머지는 몸에 쌓인다는 연구 결과도 있어요."

그러자 걱정이가 말을 덧붙였어요.

"박사님 말이 맞아. 또 사람마다 체질이 다르기 때문에, 같은 식품 첨가물을 먹어도 나타나는 반응이 조금씩 다르다고. 너희는 알록달록 색소가 든 사탕이나 아이스크림을 먹어도 괜찮지만, 나는 조금만 먹어도 천식이 심해지거든. 콜록콜록."

그러자 옥수수 박사가 갑자기 크게 외쳤어요.

"좋은 이야기예요, 걱정 양! 자, 식품 첨가물을 여러분이 직접 확인할 수 있도록 실험을 하나 준비했답니다. 자, 이쪽으로 오세요."

식품 첨가물, 건강하게 먹는 방법

책상에는 식초가 들어 있는 비커가 여러 개 놓여 있었어요. 그중 한 비커에는 당근 즙이 들어 있었지요. 비커들 옆에는 흰색 털실도 놓여 있었어요.

"자, 여러분! 교탁에서 색깔이 진한 사탕이나 아이스크림, 음료수를 가지고 오세요. 식초가 든 각각의 비커에 아이스크림을 녹여서 담고,

사탕도 물에 녹여 넣으세요. 진호 군은 사탕을 녹인 물이 담긴 비커, 준호 군은 색깔 있는 음료수를 담은 비커, 걱정 양은 아이스크림을 녹인 비커, 그리고 다알아 군은 당근 즙이 담긴 비커를 맡도록 해요."

"치, 아까워라. 먹지도 못하고 녹여 버리라니."

"형, 난 아까 몰래 사탕 하나 먹었어. 엄청 맛있다."

진호도 사탕을 하나 집어 먹을까 고민이 되었어요. 하지만 다알아 군의 말이 자꾸 귀에 맴돌았어요. 그래서 사탕 포장지 뒷면을 보았어요. 합성착색료인 황색 4호, 합성착향료 등의 성분이 적혀 있었어요.

진호는 고개를 저으며 사탕을 녹였어요. 아직 이 성분들이 무엇인지 알지도 못하는 상황에서 먹는 건 뭔가 찝찝했거든요. 옥수수 박사가 말했어요.

"자, 다 되었으면 중탕 냄비에 각 비커를 담고 흰 털실을 1g씩 잘라 넣으세요. 그리고 젓가락으로 잘 저어 가며 비커를 15분가량 관찰하면 됩니다."

모두가 옥수수 박사의 말을 따라 실험에 몰두했어요. 그 사이, 진호는 아까부터 옥수수 박사에게 꼭 묻고 싶었던 것을 묻기로 결심했어요. 듣고 싶지 않았지만, 꼭 들어야 했던 바로 그 이야기를요. 진호는 조심스럽게 물었어요.

"박사님, 저……, 제가 좋아하는 햄에는 어떤 식품 첨가물이 들어 있어요? 안 좋은 게 그렇게 많이 들어 있나요?"

"이제 좋아하는 햄에 어떤 성분이 들어 있는지 확인하고 싶은 결심이 들었나요, 진호 군?"

"네."

옥수수 박사는 웃으며 대답했어요.

"햄이나 소시지에는 발색제(아질산나트륨), 방부제(소르빈산), 산화방지제 등이 들어 있어요. 발색제는 독성이 강해 뇌를 손상시킬 수도 있고 단백질과 만나면 암을 일으키는 물질이 된다고 하지요. 또 방부제는 몸속 유전자를 손상시킨다는 연구 결과도 있고, 산화방지제는 독성이 강해 우리 몸에 좋지 않기로 유명해요."

걱정이도 걱정스러운 얼굴로 물었어요.

"이 아이스크림은요?"

"아이스크림에는 유화제, 안정제, 바닐라나 딸기 같은 각종 착향료와 착색제, 감미료 등이 사용된답니다. 유화제는 영양소가 우리 몸에 흡수되는 것을 막고 착색제는 간에 해롭고 천식이나 암을 일으킬 수도 있어요. 감미료는 설탕도 아닌 것이 단맛을 내는데, 두통이나 어지럼증을 유발할 수도 있다고 해요."

옥수수 박사가 숨도 쉬지 않고 설명해 주었어요.

"후유."

옥수수 박사의 말에 쌍둥이는 크게 한숨을 쉬었어요. 정육점에서 파는 고기와 햄이 이렇게 큰 차이가 있는 줄은 꿈에도 몰랐거든요. 식품 안전 캠프에서 식품이 안전하지 않을 수도 있다는 것을 배우다니, 쌍둥이의 머릿속에 많은 생각이 스쳐 지나갔어요.

"자, 이제 젓가락으로 털실을 꺼내요. 털실을 찬물에 씻어 각각 색을 관찰해 보도록 해요."

옥수수 박사의 말에 아이들은 아이들은 모두 함께 털실을 꺼냈어요. 그러자 다알아 군의 털실은 당근 즙과 거의 비슷한 색을 띠고 있었고 물에 씻으니 당근 즙 색이 조금 빠졌어요. 하지만 진호와 준호, 걱정이의 털실은 비커에 넣어 중탕되는 사이 색이 좀 묽어졌고, 물에 씻어도 색이 조금도 빠지지 않았어요.

"이대로 털실을 그대로 말리면, 3~4일 뒤에 당근 즙 털실은 색이 완전히 바래 원래의 털실처럼 하얘집니다. 하지만 나머지 털실들은 변화가 없을 거예요."

그때 호기심이 많아진 준호가 물었어요.

"왜 털실 색 변화가 서로 다른 거예요?"

옥수수 박사가 준호의 질문이 기특한 듯 웃으면서 대답해 주었어요.

"당근 즙은 자연에서 만들어 낸 천연 색소라 시간이 지나면 햇빛에 의해 색이 바래는 것이고, 나머지는 화학물질들을 사람이 실험을 통해조합해 만들어 낸 인공 색소이기 때문에 변화가 없는 거예요. 이런 인공 색소는 타르계 색소인 적색 2호, 3호, 청색 1호, 2호, 황색 4호가 특히 좋지 않다고 알려져 있어요."

진호는 아까 살펴보았던 황색 4호의 이름이 나오자 깜짝 놀라 옥수수 박사에게 곧장 물어봤어요.

"이 사탕에 황색 4호가 들어 있다고 했는데, 타르계 색소가 몸에 안 좋은 거예요?"

"석탄을 뜨겁게 가열하면 끈적한 액체가 나와요. 그 액체의 이름이

 옥수수 박사의 캠프 자료

우리 몸에 좋지 않은 영향을 미치는 식품 첨가물 F4

식품 첨가물은 이미 우리 생활 속 깊숙이 자리 잡고 있어요. 특히 우리가 먹는 가공식품에는 대부분 식품 첨가물이 들어 있지요. 그렇기 때문에 식품 첨가물은 우리 몸에 해로워서는 안 돼요. 그런데 앞서 언급한 타르계 색소처럼, 우리가 먹고 있는 식품 첨가물 중에는 우리 몸에 좋지 않은 영향을 주는 식품 첨가물이 많다고 해요.

첫 번째로 부틸히드록시아니솔 같은 산화방지제예요. 지방이 많은 식용유나 버터의 부패나 변질을 막기 위해 사용되는 이 산화방지제에는 납과 수은, 카드뮴 같은 중금속이 들어 있어서 좋지 않아요. 중금속은 몸속에 쌓이고 잘 빠져나가지 않아 신경이나 근육, 신장 등에 마비나 장애를 일으켜요.

두 번째로는 안식향산나트륨이에요. 안식향산나트륨은 방부제의 한 종류로, 간과 우리 몸의 DNA를 손상시킨다고도 해요. 또 이 안식향산나트륨이 비타민 C와 만나면 발암 물질인 벤젠이 만들어진다는 연구 결과도 있지요.

세 번째로는 아질산나트륨이에요. 아질산나트륨은 발색제의 한 종류로 100년의 역사를 가진 첨가물이에요. 우울증을 일으키거나 뇌를 손상시키는 문제가 있다고 해요. 특히 아질산나트륨은 어린이들이 좋아하는 소시지나 베이컨, 햄에 많이 사용되는데, 이 아질산나트륨은 고기 속 단백질과 만나면 발암 물질을 만든다고 알려져 있어 더 위험하다고 해요.

네 번째로는 아황산나트륨이에요. 식품 표백에 쓰이기도 하고, 식품이 상하는 것을 막을 때 쓰여요. 아황산나트륨은 산성이 강해서 천식이나 기관지염 같은 호흡기 질환을 일으킬 수 있고 유전자와 염색체에 이상을 일으킨다고도 알려져 있어요.

바로 타르지요. 타르계 색소는 거기서 추출한 원료로 색소를 만드는 거예요. 원래 타르계 색소는 옷을 염색하기 위해 만든 건데, 그중 독성이 적은 것을 먹어도 된다고 허용했지요. 덕분에 우리가 이렇게 색색의 예쁜 과자나 사탕을 먹을 수 있는 거예요."

옥수수 박사가 자세히 설명해 주었어요.

"으엑! 그럼 우리는 석탄을 먹었던 거예요?"

"처음에는 독성이 적은 것을 골라 허용했으니, 별 문제가 없을 거라고 생각했어요. 그렇지만 지금은 이 타르계 색소 중에 녹색 3호는 아토피와 주의력 결핍 과잉 행동 장애를 일으키고, 황색 4호는 심장 질환을, 적색 2호는 암 유발 가능성이 의심된다는 결과가 나왔어요. 이런 것들은 사용이 금지되었지만, 가끔 불량 식품에서 불법 사용이 적발되기도 해요."

그때 잠자코 있던 진호가 불쑥 말을 꺼냈어요.

"박사님, 박사님 말씀대로라면 저희는 햄도, 과자도, 슈퍼마켓에서 파는 건 아무것도 먹지 말고 그냥 생식만 해야 한다는 말씀처럼 들려요……."

옥수수 박사가 빙긋 웃으며 말을 이었어요.

"진호 군, 그 질문에 대한 답은 어제와 오늘, 내가 들려준 얘기에 다 들어 있답니다."

"네? 박사님이 무슨 얘기를……."

그때 기침하던 걱정이가 대답했어요.

"저는 알 것 같아요. 답은, 박사님이 계속 강조하신 성분표 보기예요! 식품 첨가물에 대해 많이 배웠으니, 성분표를 꼼꼼히 보면 어떤 식품 첨가물이 들었는지 알게 될 테고, 상대적으로 식품 첨가물이 적게 들어간 음식을 고르면 돼요. 그럼 몸에 좋지 않은 가공식품 군것질도 덜하게 되겠지요?"

"정답이에요, 걱정 양! 우리 진호 군이 걱정하던 햄도 가능하면 끓는 물에 한 번 데쳐서 먹고, 몸속 식품 첨가물이 몸 밖으로 잘 배출되도록 물을 많이 마시고 음식을 골고루 먹어서, 영양분을 다양하게 섭취하면 좋아요. 아하, 운동도 열심히, 잠도 잘 자면 좋겠지요."

말을 마친 옥수수 박사는 만족스러운 듯 빙긋 웃었어요. 그때 다알아 군이 크게 외쳤어요.

"그런데 박사님! 제 생일 파티는 대체 언제 시작해요?"

"아이쿠, 내 정신 좀 봐. 미안해요 다알아 군. 이제부터 생일 파티를 시작해 볼까요?"

차먹어 할머니가 커다란 케이크를 들고 들어왔어요. 초에 불을 켜고 노래를 부르며 다알아 군의 생일을 축하해 주었지요. 기다리고 기다리던 생일 파티 식사 시간, 그런데 누구 한 명 선뜻 과자나 빵, 음료수를 쉽게 먹지 못했어요.

식품에 무엇이 들어 있는지 확인하지 않고 먹을 때는 무조건 맛있고 보기 좋은 음식을 먹으면 되었는데 이제 식품 첨가물이 무엇인지, 원재료와 영양 성분이 무엇인지 알게 되었으니까요.

"자, 오늘은 다알아 군을 축하하는 자리니까 걱정은 잠시 접어 두고 마음껏 먹어요."

옥수수 박사가 웃으며 아이들에게 말했어요.

가공식품과 식품 첨가물은 건강에 해로울까요?

최근에는 아토피 환자들이 많아졌어요. 유아부터 어른까지 왜 아토피 환자들이 증가했을까요? 식품의 종류가 옛날보다 다양해지면서 알레르기를 일으키는 재료가 많아지고 가공식품, 식품 첨가물이나 잔류 농약의 영향, 화학섬유로 만들어진 옷의 증가 등도 원인이에요.

인체 유해 성분이 포함됐다는 식품 첨가물도 원인 중 하나겠지요. 최근 한 조사에서 식품에 대해 불안감을 가장 크게 느끼는 요소는 환경호르몬이나 농약이 아닌, 식품 첨가물인 것으로 나타났다고 해요.

우리는 알게 모르게 수많은 종류의 식품 첨가물을 손쉽게 슈퍼마켓이나 편의점을 통해 사 먹고 있어요. 현재 식품 첨가물 공식 목록에 올라와 있는 종류만도 400개 이상이에요. 과연 이 많은 화학 첨가물들을 우리가 꼭 먹어야 할까요?

심지어 한 가지 식품에 20가지 이상의 식품 첨가물이 들어 있는 경우도 있다고 해요. 하루에 섭취하는 식품 첨가물이 약 70~80종류이고, 1년에 약 25kg을 섭취한다고 하지요. 권장 섭취량 4kg(하루 10g)의 약 6배나 섭취한다고 하니 정말 무시무시하죠.

첨가물에도 여러 종류가 있는데 그중에서도 인간이 인공적으로 만들어 낸 화학 합성 물질은 인간의 몸속으로 들어가면 소화 또는 분해되지 않고 섭취한 첨가물의 10%가 체내에 쌓여 각종 질병을 유발한다고 해요.

그런데 식품 첨가물을 강제 배출하는 방법은 없으므로 평소에 식품 첨가물을 적게 먹는 것이 중요해요.

또 사람마다 섭취하는 식품 첨가 물량이 다르고 내성도 달라요. 그렇기 때문에 연약한 노약자와 어린이는 더욱 주의해야 돼요. 화학 첨가물을 많이 섭취하면 각종 질병을 유발할 뿐 아니라 폭력적이거나 주의력 결핍이 될 수도 있어요.

이런 경향 때문인지 안전한 먹거리를 찾는 깐깐한 소비자가 늘면서 화학성분을 배제한 원재료 식품이 주목받기 시작했어요. 실제로 최근 들어 식품업계의 감미료나 색소 등의 사용이 크게 줄었대요.

농림축산식품부와 한국농수산식품유통공사(aT)가 2015년에 발표한 '식품산업 주요지표'에 따르면 2013년 식품제조업 산업 규모는 전년보다 2.9% 성장했지만, 감미용 조제품이나 색소용 식품 등을 생산하는 기타 식품 첨가물 제조업의 매출은 35.6% 하락했어요.

나는 누구일까요?

어린이들이 좋아하는 식품들이 자기 몸에 어떤 식품 첨가물이 들어 있을지 맞춰 보라고 성화예요. 우리 친구들이 알맞은 이름을 찾아 써 넣어 볼까요?

❶ 나는 고구마 맛이 나는 과자야. 내 몸에는 달콤한 고구마 향을 내기 위한 특별한 첨가물이 들어 있지.

❷ 나는 고소하면서 느끼함을 주는, 샌드위치와 햄버거에 빠질 수 없는 가공 치즈야. 내 몸에는 자연 치즈와 여러 식품 첨가물들이 잘 혼합될 수 있도록 이 첨가물을 넣지.

❸ 나는 빵에 발라 먹으면 더 맛있는 딸기잼이야. 내 몸에는 잼을 상하지 않고 오래 보관할 수 있게 해 주는 이 첨가물이 들어 있지.

❹ 여름에 날 찾지 않는 친구들은 없겠지? 때로는 나를 만들 때 내 몸에 단맛을 내기 위해 설탕 대신 이 첨가물을 넣기도 해.

❺ 도시락 반찬에 없으면 섭섭한 나! 내 몸에는 식품 색이 변하는 것을 막기 위해 쓰이는 이 첨가물이 들어 있어. 그래야 붉은 고기 색이 검게 변하지 않지.

정답 ❶ 합성착향료 ❷ 유화제 ❸ 방부제(솔빈산칼륨) ❹ 감미료 ❺ 발색제

3장

식물과 동물이 합쳐질 수 있다고?

슈퍼 옥수수의 등장

사방은 온통 캄캄했어요. 진호는 허기진 배를 움켜쥐고 그저 앞으로 걸어가고 있었지요. 세상에서 가장 좋아하는 햄과의 이별을 예고한 이 극악한 식품 안전 캠프에서 벗어나려고 벌써 몇 시간째 걸었지만, 아무리 걸어도 출구가 보이지 않았어요. 그때, 저 멀리서 희망의 빛 한 줄기가 스며 들어왔어요.

진호는 젖 먹던 힘까지 쥐어짜서 빛을 향해 달려갔어요. 출구까지 거의 다 온 것 같았어요. 밖으로 나오자, 눈앞이 새하얘지며 순간적으로 아무것도 보이지 않았어요. 진호는 눈을 껌벅거리며 눈이 빛에 적응할 수 있도록 했지요.

그러자 진호의 눈앞에 거대한 물체가 있었어요. 팔다리가 달린 거대한 옥수수 같았지요. 진호는 그 물체에 가까이 다가갔어요. 진호는 깜짝 놀랐어요. 몸은 옥수수였지만, 위에는 개구리 얼굴이 달려 있었거든요!

"으아아아아아아악!"

"형아, 형아! 왜 그래? 갑자기?"

"저기, 저기 옥수수개구리가 있었어!"

"무슨 소리야, 형아 꿈 꿨어? 낮잠을 너무 오래 잔다 했어. 벌써 저녁이라고."

색소 실험과 생일 파티를 마친 진호는 옥수수 박사에게 배운 온갖 정보로 머리가 너무 아팠어요. 그래서 쉬는 시간에 잠시 쉰다는 게, 그만 꼬박 네 시간을 잠들고 말았던 것이에요. 그때였어요. 진호 배 속에서 요상한 소리가 났어요.

꼬르르르륵!

"형아 배고파? 어째, 저녁 식사 시간 벌써 끝났는데."

"뭐?"

"아무리 깨워도 형아가 안 일어나더라고. 그래서 그냥 우리끼리 먹었지. 저녁에는 달걀 프라이도 나왔는데. 참, 그건 그렇고 나 저녁에는 가지 조림과 멸치 볶음도 먹었는데 의외로 괜찮더라. 왜 엄마 아빠가 그 반찬들을 맛나게 먹었는지 알 것 같았다니까."

그러면 뺨을 때려서라도 깨웠어야지! 진호는 배가 무척 고팠어요. 아침도 먹는 둥 마는 둥 했고, 생일 파티 때도 식품 첨가물 신경을 쓰느라 제대로 먹지 못했거든요. 진호는 재빨리 가방을 뒤졌어요. 혹시, 가방 속에 옥수수 박사가 미처 압수하지 못한 음식이 남아 있을지도 모른다는 생각이 들었거든요. 한참을 뒤적이던 진호가 외쳤어요.

"짜자잔! 바로 전자레인지용 팝콘이라 이 말씀!"

"에이, 겨우 팝콘?"

"모르는 소리! 아까 식품 첨가물 때문에 음식 먹기가 엄청 찝찝했는데, 팝콘은 옥수수와 소금, 식용유만 조금 들어가니까 완전 괜찮을 거 아냐. 따라와, 형아가 갓 튀긴 따끈따끈한 팝콘을 먹여 줄 테니."

그런데 갑자기 준호의 눈이 슬프게 변했어요.

"형, 근데 이 팝콘 튀기다 차먹어 할머니나 옥수수 박사님한테 걸리면 어떡해? 옥수수 냄새를 기가 막히게 알아차릴 것 같은데."

"괜찮아. 부엌 문 꽉 닫고 전자레인지 돌리면 괜찮을 거야. 그리고 팝콘 정도면 건강한 음식일 테니 뭐라고 하지 않을 수도 있잖아?"

준호는 걱정스러운 눈빛을 감추지 못했어요. 하지만 진호의 발걸음은 가벼웠지요. 쌍둥이는 방문을 살짝 열고 살금살금 부엌으로 걸어갔어요. 진호의 꿈속처럼 어두컴컴한 복도를 헤쳐 나가면서요.

인간이 만들어 낸 새로운 생명체, 유전자 재조합 식품(GMO)

전자레인지는 신나게 돌아갔어요. 전자레인지가 내뿜는 살구색 불빛이 어두운 부엌을 가득 채웠지요. 쌍둥이의 마음도 덩달아 빙글빙글 도는 것 같았어요. 이제 10초만 더 기다리면 팝콘이 완성될 거예요.

"5초, 4초, 3초, 2초, 1초……."

땡땡땡! 빠라바라바라바람.

깜짝 놀란 쌍둥이는 양손으로 귀를 막았어요. 작게 땡 하는 소리가 날 줄 알았는데, 기차 화통을 삶아 먹은 듯한 땡 소리와 함께 요상한 노랫소리까지 함께 나왔거든요. 다 포기한 듯 진호가 외쳤어요.

"다 틀렸어!"

순간, 부엌문이 벌컥 열리면서 옥수수 박사와 차먹어 할머니, 다알아 군과 나걱정 양이 한꺼번에 들어왔어요.

"이놈들이 몰래 전자레인지나 돌리고, 대체 뭐 하는 짓이여?"

준호는 깜짝 놀라 그 자리에서 얼음이 되었어요. 하지만 진호는 동생을 감싸면서 외쳤지요.

"저, 저녁을 못 먹어서 팝콘이나 먹으려고 했어요. 팝콘은 식품 첨가물도 안 들었으니까 괜찮은 거 아니에요? 보세요!"

진호는 팝콘 비닐에 적힌 성분표를 차근차근 읽어 내려갔어요.

"드, 들어 보세요! 원재료명 및 함량! 정제염, 팝콘. 괄호 열고 유전자 변형 옥수수 사용 가능성 있음. 합성착향료 버터향, 아……."

"진호 군, 미안하지만 그 팝콘은 압수예요."

옥수수 박사의 말에 진호는 실망한 표정을 감추지 못했어요. 이게 다 팝콘에 들어 있던 버터향 합성착향료 때문인 것 같았어요.

"이 버터향 나는 합성착향료 때문에 그러신다면……."

"그 때문이 아니에요. 외부에서 가지고 온 음식은 원칙적으로 전부 압수니까요. 그리고 유전자 재조합 옥수수가 들어 있거든요."

그때 얼어 있던 준호가 입을 떼었어요.

"여긴 변형 옥수수라고 되어 있는데, 재조합 옥수수라니요? 그리고 이게 무슨 문제가 있는 건가요?"

"오 이런, 설명해 줄게요. 유전자 재조합 옥수수는 말 그대로 옥수수의 유전자에 다른 생명체의 유전자를 넣어 새롭게 만든 '변형 옥수수'예요. 즉, 서로 다른 생명체의 유전자들을 섞어 만든 새로운 생명체를 '유전자 재조합 생명체'라고 하고, 영어로는 GMO라고 하지요. 이렇게 유전자를 변형해 생산한 옥수수, 콩 같은 농산물을 '유전자 재조합 농산물', 이 농산물을 가공한 식품은 '유전자 재조합 식품'이라고 해요. 유전자 재조합 식품은 경우에 따라 '유전자 조작 식품', '유전자 변형 식품'이라는 여러 이름으로 불리는데, 그 뜻은 다 같아요."

"이 팝콘의 옥수수는 겉보기에 일반 옥수수와 똑같은데요?"

"하지만 그 옥수수 속에는 개구리의 유전자, 미생물 유전자, 혹은 뱀 같은 동물의 유전자가 들어 있을 수도 있답니다. 유전 공학이 발달하면서 자연 상태에서는 결코 섞일 수 없었던 동물과 식물, 동물과 미생물, 식물과 미생물의 유전자를 재조합할 수 있게 되었지요. 실제로 식물인 옥수수 유전자에 살충력을 가진 미생물 유전자를 주입시켜 살충력이 강한 옥수수를 만들었고, 추위에 약한 딸기에 찬 바다에서도 잘 자라는 넙치의 유전자를 넣어 추위에 강한 딸기를 만들기도 했어요."

순간 진호는 꿈에서 보았던 거대한 옥수수개구리가 떠올랐어요. 꿈이 현실이 되다니!

"그러면 정말 옥수수개구리가 살아 있는 거예요?"

"옥수수개구리? 진호 군, 괜찮아요? 어디 아픈 거 아닌가요?"

"꿈에서 봤다고요! 옥수수 몸에 개구리 머리!"

"진호가 본 건 키메라 같은 건가 보네요. 그리스 신화에 나오는 괴물인데 머리는 사자에 꼬리는 뱀 모양이죠. 유전자 재조합 식품도 서로 다른 것을 섞어 놓은 것이니 비슷하다고 볼 수 있어요."

다알아 군이 말했어요.

"차 할머니, 진호에게 물 좀 주시겠어요? 잠에서 덜 깬 것 같군요."

"그런데 박사님, 살충력이 강한 옥수수가 만들어지는 건 좋은 거 아

니에요? 그러면 벌레도 잘 안 먹고, 수확량도 많아질 테고."

옥수수 박사님은 이번에도 빙긋 웃으며 말했어요.

"그렇군요, 마치 식품 첨가물이 현대 사회에 필요한 이유와 비슷한 것 같네요. 물론, 처음 유전자 재조합 식품을 연구한 건 좋은 의도에서였어요. 해충이나 질병에 강하고 성장도 빠른 작물을 개발해서 재배도 쉽게 하고, 품질도 좋게 만들기 위해서였지요."

아이들은 모두 고개를 끄덕였어요. 다알아 군만 빼고요. 옥수수 박사는 비장한 목소리로 말을 이었어요.

"하지만 유전자 재조합 식품이 세상에 등장한 지 20년가량밖에 되지 않아서, 유전자를 재조합한 식품이 인체에 어떤 영향을 주는지는 아직 확실하게 밝혀지지 않았지요. 연구를 계속 하다 보면, 새로운 질병이 나타날 수도 있고, 엄청난 힘을 가진 유전자 재조합 작물이 생태계를 엉망으로 만들어 버릴 수도 있지요. 그 결과는 아직 아무도 알지 못한답니다. 박사인 저조차도요."

옥수수 박사의 말에 다알아 군이 살짝 덧붙였어요.

"참고로, 우리나라는 세계에서 첫 번째로 식용 유전자 재조합 식품을 많이 수입하는 나라야. 우리나라가 수입하는 식용 옥수수의 49%, 식용 콩의 75%가 유전자 재조합 농산물이라는 거 알고 있니? 그래서 그 팝콘이 지금 우리 손에 있는 거지."

옥수수 박사의 캠프 자료

내가 먹은 식품이 유전자 재조합 식품이라고?

유전자 재조합 식품에는 옥수수, 콩, 면화, 카놀라(유채), 토마토, 사탕무, 쌀, 파프리카 등과 같은 농작물이 많은 비중을 차지하고 있어요. 미국과 캐나다, 인도 등 몇몇 나라에서 유전자 재조합 농산물을 주로 재배하는데, 우리나라는 이들 나라에서 2019년에만 1164만의 유전자 재조합 식품을 수입하는 등 매년 수입량이 늘어나고 있어요. 대표적인 유전자 조작 작물들을 한번 살펴볼까요? 콩의 경우, 전 세계에서 재배되는 콩의 4분의 3이 유전자 재조합 콩이에요. 이렇게 재배된 콩은 주로 식용유 중 하나인 콩기름을 만드는 데 많이 쓰여요. 우리나라도 콩기름 제조 시 주로 수입산 콩을 쓰기 때문에 우리는 유전자 재조합 콩으로 만든 콩기름을 먹었을 수도 있어요.

면화의 경우는 전 세계에서 재배되는 면화의 절반이 유전자 재조합 면화이고, 우리에게 친숙한 유전자 재조합 식품인 옥수수는 전 세계의 25퍼센트가 유전자 재조합 옥수수라고 하지요.
카놀라 같은 경우에는 전 세계 카놀라의 20퍼센트가 유전자 재조합 카놀라라고 해요. 특히 우리나라는 요리에 쓰이는 카놀라유를 제조할 때 대부분 캐나다에서 수입한 카놀라를 사용하는데, 캐나다에서 재배되고 있는 카놀라 중 약 93퍼센트가 유전자 재조합 카놀라라고 해요. 어쩌면 우리도 모르는 사이 유전자 재조합 식품을 먹을 수도 있는 셈이 되는 것이지요.

식품 첨가물에 이어 유전자 재조합 식품까지……. 쌍둥이는 한숨을 폭 내쉬었어요.

유전자 재조합 식품, 좋을까 나쁠까?

아이들의 한숨 소리를 들은 차먹어 할머니가 나지막이 말했어요.

"걱정 말어. 우리 캠프에서는 개구리 따위가 든 유전자 재조합 식품 따위는 쓰지 않으니께."

"여기서 먹는 음식이 불안해서 그런 게 아니에요. 이해가 잘 되지 않아서 그래요."

차먹어 할머니의 말에 준호가 말했어요.

"아직까지 몸에 좋다, 나쁘다가 확실히 나온 것도 아니고, 20년 정도나 지났는데 아직도 세계 사람들이 먹는 걸 보면 나쁜 것이 아닐 수도 있잖아요. 게다가 해충에도 강한 작물을 만들면 그만큼 농약도 덜 쓸테니, 환경 오염도 막을 수 있는 거 아닐까요?"

걱정이가 준호 편을 들며 말을 받았어요.

"맞아요. 또 요즘 아프리카에는 식량이 부족해서 많은 사람들이 굶어 죽고 있다고 들었어요. 유전자를 재조합해서 병도 잘 안 걸리고, 해충에 강한 작물을 개발한다면 식량도 더 많이 생산할 수 있고, 그럼 식량 부족 문제를 해결할지도 모르잖아요."

옥수수 박사는 크게 만족한 듯 미소를 머금고 아이들을 탁자로 이끌며 말했어요.

"자자, 이 늦은 시간에 이렇게 유익한 토론이 이뤄질지는 상상조차 못했는데. 기분이 좋군요! 일단 자리에 앉아서 토론을 계속해 볼까요?"

그때 옥수수 박사의 얼굴에 스친 음흉한 미소를 준호는 또 놓치지 않았어요. 준호가 진호에게 작은 목소리로 속삭였어요.

"형, 봤어? 저 박사님 뭔가 수상해. 아무래도 엄마와 서로 아는 사이 아닐까? 엄마가 만날 말하던 식품 첨가물에 대해서 알고 있고, 우리 별명도 알고 있고 말이야. 말투도 왠지 여성스럽지 않아?"

"으이씨, 시끄러워."

면박을 당한 준호의 얼굴이 새빨개졌어요. 다 우리를 위해서 한 말인데! 준호는 화가 나 더 강하게 주장을 펼쳤어요.

"아무튼, 요즘은 지구 온난화 때문에 사막이 많아져서 농사지을 땅도 부족하다잖아요. 그런 상황에서 유전자 재조합 작물을 키우면 농약 값도 아끼고, 농부들 일손도 덜고, 환경도 보호하고, 곡물 값도 싸질 테고. 일석이조 같은데."

"생각이 짧네. 그건 네가 몰라서 하는 소리야."

다알아 군이 준호를 비웃으며 말했어요. 옥수수 박사가 다알아 군을 바라보았어요. 모두의 시선이 다알아 군에게 쏠렸지요. 다알아 군은 목을 가다듬고 준호를 바라보며 천천히 입을 뗐어요.

"먼저, 준호 네 말대로 유전자 재조합 식품이 나온 지 20년이나 지났는데, 그 20년 동안 안전에 대한 논란이 계속 있었다면, 100퍼센트 안전하다고는 말할 수 없는 거 아닐까?"

준호는 반박하고 싶었지만 적절한 답을 찾지 못해 입만 비쭉 내밀었어요. 다알아 군은 이제 걱정이를 바라보며 말했지요.

"그리고 걱정이 네 말대로 유전자 재조합 작물이 굶어 죽는 사람들을 구할 수 있으면 참 좋지만, 지금 대부분의 유전자 재조합 작물은 돼지나 소의 사료 또는 바이오 연료로 쓰여. 또 유전자 재조합 작물을 키우는 20년 동안, 실제로 식량 생산이 별로 늘지 않았대. 미국과 캐나다의 옥수수, 카놀라 생산량과 유전자 재조합 작물을 재배하지 않는 서유럽의 옥수수, 카놀라 생산량을 비교해 보면, 미국과 캐나다가 생산성이 더 낮다는 결과도 있다고."

걱정이의 얼굴이 새빨개졌어요. 대체 다알아 군은 어디에서 저런 걸 다 배우고 온 건지 궁금해지기 시작했어요. 옥수수 박사가 선생님인지, 다알아 군이 선생님인지 알 수 없을 지경이었지요. 그때 잠자코 있던 옥수수 박사가 입을 열었어요.

"한 가지 더, 유전자 재조합 작물이 해충뿐 아니라 잠자리나 무당벌레 같은 이로운 곤충까지 죽인다는 것이 밝혀지기도 했어요. 심지어 돌연변이 해충까지 생겨서, 생태계에 혼란이 가중되었다고 해요. 게다가 미국에서는 유전자 재조합 작물로 인해 쉽게 죽지 않는 슈퍼 잡초가 등장했고, 농약 사용이 더 많이 늘어나면서 결과적으로는 환경을 더 오염시키고 있어요."

아이들의 토론을 가만히 듣던 진호는 생각에 잠겼어요. 유전자 재조합 식품이 확실히 안전하다고 밝혀지지 않은 상황에서 유전자 재조합 옥수수로 만든 팝콘을 쉽게 손에 넣을 수 있는 이상, 우리 먹거리에 관심을 가지는 게 더더욱 중요한 일이라는 것을 깨달았거든요. 식품 첨가물에 대해 배웠을 때는 막연히 무섭기만 했는데 유전자 재조합 식품까지 듣고 나니 정신이 바짝 드는 느낌이었어요. 진호는 전자레인지에서 다 된 팝콘을 꺼내 뒤적거리면서 말했어요.

"박사님, 우리나라에서도 유전자 재조합 작물이 재배되고 있나요?"

"진호 군은 정말 날카롭군요! 한국은 1999년부터 유전자 재조합 식품에 대한 안전성 평가를 실시하고 있답니다. 또 유전자 재조합 작물을 개발하고 연구하는 것은 가능하지만, 재배는 금지되어 있어요. 우리 정부가 고추와 벼의 유전자 재조합 작물을 개발하고 있긴 하지만."

"정부 차원에서 개발하면, 우리나라도 곧 재배하는 거 아니에요?"

"그럴지도 몰라요. 하지만 많은 사람들이 유전자 재조합 작물의 슈퍼

시끌시끌, 유전자 재조합 식품 사건과 사고들

유전자 재조합 식품의 안전성에 대한 논란은 여전히 끊이지 않고 있어요. 얼핏 보기에는 인간에게 유익한 것 같지만, 아직 그 안전성이 다 검증되지 않은 탓에 질병과 독성, 생태계 교란이라는 우려를 끊임없이 낳고 있지요.
때문에 전 세계에서 유전자 재조합 식품과 관련된 사건 사고가 많이 일어났답니다.

유전자 재조합 옥수수를 먹고 종양이 생긴 쥐
2012년 프랑스에서 이루어진 한 실험에서, 쥐가 유전자 재조합 옥수수를 먹고 종양이 생겼다는 연구 결과가 발표되어 전 세계를 충격에 빠뜨렸어요. 그 다음 해인 2013년에, 실험 쥐가 종양에 잘 걸리는 종류라는 이유로 그 논문이 철회되기는 했지만, 유전자 재조합 식품을 먹은 쥐가 종양이 생겼다는 사실 자체만으로도 사람들의 경각심을 불러일으키기엔 충분하답니다.

유전자 재조합 옥수수 원조, 절대 안 돼!
2002년, 아프리카 잠비아 정부가 미국 정부로부터 유전자 재조합 옥수수 원조를 거부해서 수천 명의 잠비아 국민이 굶어 죽는 비극적인 일이 발생했어요. 유전자 재조합 옥수수에 있을지도 모르는 독성과 유전자 재조합 옥수수가 잠비아 농작물에 미칠 영향을 염려했기 때문이지요.

유전자 재조합 작물 특허의 최강자, 몬산토

몬산토는 '라운드 업'이라는 제초제와 유전자 재조합 작물 종자를 가지고 한때 세계를 호령했던 미국의 다국적 기업이에요. 유전자 재조합 종자 특허의 90%를 독점 보유하는 등 〈비즈니스위크〉가 선정한 세계에서 가장 영향력 있는 10개 기업 (2008년)에 들기도 했어요. 현재는 독일의 바이엘에 인수되어 몬산토 브랜드는 역사 속으로 사라졌어요.

라운드 업 제초제 때문에 암에 걸렸다고?

몬산토가 개발한 제초제 라운드 업이 암을 발생시킨다는 주장을 둘러싸고 세계 각지에서 논란이 끊이지 않고 있어요. 미국에서만 12만 5000건 이상의 소송이 제기되었고 2018년에는 암에 걸린 피해자에게 3000억 원을 배상하라는 판결까지 내려졌어요. 세계보건기구(WHO)는 2015년에 라운드 업을 발암성 물질로 분류했어요.

몬산토를 인수한 바이엘은 결국 2020년에 13조 원의 합의금을 물고 법정 싸움을 끝내기로 했지요. 하지만 라운드 업의 발암 가능성에 대해서는 끝까지 인정하지 않았고 판매도 계속할 것으로 밝혀 논란은 앞으로도 이어질 전망이에요.

유전자 씨앗이 우리나라로 퍼지면 우리나라 농업은 물론 생태계를 엉망으로 만들 수 있다는 가능성 때문에 반대하고 있지요."

진호의 표정이 어두워졌어요. 걱정이는 긴 머리를 매만지더니 걱정스러운 얼굴로 말했어요.

"그러면 저희는 어떻게 해야 하나요?"

그때 잠자코 있던 차먹어 할머니가 입을 열었어요.

"우리나라에서는 2001년부터 유전자 재조합 작물 표시제, 즉 GMO 표시제를 시행하고 있다. 식품에 유전자 재조합 작물이 들어갔는지 아닌지를 알려 주려고 시작된 제도인디, 솔직허니 이 제도만으로 유전자 재조합 식품이 들어 있는지를 알기는 어렵제. 유전자 재조합 식품을 넣어 만들어도 포장지에 표기하지 않아도 되는 경우가 있거든."

"그럼 그 표시제가 무슨 의미가 있어요?"

"옳지옳지. 우리도 알고 먹어야 할 권리가 있응께, 유전자 재조합 식품 표시제를 강화하거나 확대하자고 요구하면 좋겠제. 하지만 제도가 이러니, 유전자 재조합 식품인지 아닌지를 따지는 것보다 그냥 친환경적으로 재배된 작물을 찾거나, 직접 텃밭에서 길러 먹는 것이 더 쉬워. 내일 아침 너희에게 할미 보물을 보여 주마. 아마 깜짝 놀랄 거여."

아이들은 아무 말도 하지 않았어요. 그러고는 가만히 각자 방으로 돌아갔지요. 물론, 노릇노릇하게 익은 전자레인지용 팝콘은 부엌에 그대로 두고서요.

옥수수 박사와 다알아 군은 그런 아이들의 뒷모습을 기쁜 표정으로 바라보았어요. 그리고 서로의 얼굴을 보며 씩 웃었어요.

 **옥수수 박사의 캠프 자료**

유전자 재조합 식품이 들어 있지만 표시를 안 해도 된다?

우리나라는 비교적 일찍 GMO 표시제를 시행한 나라예요. 국내산 두부에 유전자 재조합 콩이 들어 있었다는 사실 때문에, GMO 표시제를 시행하게 되었지요. 그러나 현재 운영되고 있는 GMO 표시제에는 허점이 많아요.

지금의 GMO 표시제는 과학적으로 GMO를 사용한 것이 증명되어야 표시가 가능해요. 제조나 가공을 거치면 '유전자 변형 DNA와 단백질'이 남질 않거나 남더라도 잘 검출되지 않기 때문에 증명이 불가능해져 GMO 표시를 할 필요가 없어요. 쉽게 말해 GMO 콩과 옥수수를 수입해서 식용유나 전분당을 만들면 GMO 농산물로 만들었다는 증거가 사라지므로 GMO 식품이라는 표기를 하지 않아도 된다는 것이죠.

시중에 유통되는 콩기름이나 카놀라유에는 그래서 GMO 표시 의무가 없는 것이고, 만약 유전자 재조합 콩이나 유전자 재조합 카놀라가 사용된다 해도 소비자는 알 도리가 없어요. 또 유전자 재조합 작물을 먹고 자란 가축의 고기나 우유에 '이 음식을 생산한 가축이 유전자 재조합 작물로 만든 사료를 먹고 자랐다'라는 표시를 하지 않아도 돼요. 이러한 허점 때문에 GMO 표시제를 더욱 확대해야 한다는 의견이 강하게 나오고 있어요. 하지만 일부 기업들은 소비자를 더욱 불안하게 하는 조치가 될 거라면서 크게 반대하고 있는 상황이랍니다.

자연과 사람을 살리는 친환경 농법이란 무엇일까요?

친환경적으로 농사를 지으면 엄청난 효과가 있어요. 비료는 친환경 비료만 사용하거나 효소를 발효해 직접 만든답니다. 그러니 자연히 비료 값이 적게 드는 것은 물론, 우렁이나 오리가 먹이를 먹고 싼 배설물이 자연스레 거름이 되지요. 또한 제초제를 사용하지 않으니 먹이 사슬에 의해 자연스레 천연 거름이 만들어진답니다. 농약을 친 논의 벼는 태풍에 잘 쓰러지지만, 친환경 농법으로 지은 논의 벼는 태풍도 잘 견딥니다. 뿌리가 깊이 자리 잡아 수확할 때 쉽게 뽑히지도 않을 정도니까요. 농약을 뿌리는 인건비와 농약 값도 들지 않고 수확량도 차이가 나지 않아요.

또한 친환경으로 농사를 지으면 일단은 시장에서 좋은 가격을 받을 수가 있는 것은 물론이고, 건강한 먹거리니까 웰빙 시대에 찾는 사람도 많아지고 있어요. 친환경 농법에는 여러 가지가 있어요. 그중에는 오리 농법, 우렁이 농법, 지렁이 농법 등이 있지요. 오리 농법은 논에 오리를 풀어 두면 돌아다니면서 잡초를 먹고 뿌리까지 제거하는 방법이고, 우렁이 농법은 우렁이 중에 논의 잡초를 즐겨 먹는 것을 기르는 방법이에요.

이렇게 농사를 짓다 보니 논에 미꾸라지가 살 수 있는 환경이 되었지요. 미꾸라지는 땅을 파고 다니면서 벼 뿌리가 숨을 쉴 수 있는 공간을 만들어 준답니다.

미꾸라지는 논바닥에서 생활해 벼 뿌리를 자극하고 산소를 공급하며 잡초 씨를 먹거나 해로운 해충을 잡아먹는 등 벼농사에 도움을 줘요. 또 미꾸라지 배설물은 벼가 자라는 것을 돕는 천연 비료로 활용되어요. 더불어 토종 미꾸라지 양식을 통한 부수적인 소득을 얻기도 하고 추어탕·튀김 등 안전한 먹거리를 얻을 수도 있지요.

그런데 밭에 있는 잡초는 제거하기가 쉽지 않아요. 농작물과 잡초를 구분할 수 있는 동물이 없기 때문이지요.

비료와 농약을 사용하지 않는 농법은 생태계를 건강하게 바꾸어 놓아요. 논에는 사라졌던 메뚜기와 벌레가 나타나고 강물에는 물고기가 많아지게 되지요. 하지만 비료와 농약을 사용하지 않는 농민들은 생산량이 조금 줄어들었지요. 그래도 친환경 농산물은 비싸게 팔리므로 소득은 늘어나게 되었어요.

반면 친환경 농법이 좋은 점만 있는 것은 아니에요. 손이 많이 가기도 하거든요. 병이 생겼을 때 농약을 뿌리면 효과가 금방 나타나지만 친환경 농약은 효과가 천천히 나타난다는 단점이 있지요. 이런 농약을 만들고 사용하는 방법은 아직 발달하지 않았어요.

찾아라! 유전자 재조합 식물

진호와 준호의 눈앞에 유전자 재조합 식품들이 가득 놓여 있어요.
이중 유전자 조작 식품이 아닌 것은 무엇일까요?

① 토마토를 개량한 방울토마토

② 개구리 유전자가 포함된 콩

③ 뱀과 원숭이의 유전자가 포함된 옥수수

④ 넙치의 유전자가 포함된 토마토

정답 ① 방울토마토

① 방울토마토는 토마토를 여러 실험을 거친 끝에 작고 먹기 좋게 만든 개량 작물(육종)이에요. 자연 상태에서 얼마든지 교배 가능한 것을 인위적으로 교배시켜 만드는 것이지요. 씨 없는 수박도 유전자 조작 식품이 아닌, 개량 작물이지요. 하지만 ②③④ 같은 경우는 자연 상태에서 교배가 불가능한 생물들을 유전 공학 기술을 이용해 만들어 내는 유전자 조작 작물이랍니다.

4장

구멍 뻥뻥 뚫린 배추가 좋은 배추라고?

보기 좋은 채소가 먹기에는 안 좋다?

식품 안전 캠프의 마지막 날이 밝았어요. 식품 안전 캠프라는 이름에 걸맞지 않게, 이틀 연속 배부르게 먹지 못한 진호와 준호는 일어나자마자 배가 무척 고팠어요. 오늘은 햄 반찬이 없더라도, 꼭 아침을 먹어야겠다고 생각했지요.

진호와 준호는 재빨리 세수를 마친 뒤 식당으로 달려갔어요. 그런데 이게 웬걸요? 모락모락 김 나는 밥과 찌개가 올라간 거한 아침 밥상은 커녕 빨간 플라스틱 소쿠리에 배추와 상추 같은 쌈 채소들만 잔뜩 들어 있었어요. 쌍둥이는 실망감을 감추지 못했어요. 게다가 씻지도 않았는지, 채소에는 흙이 잔뜩 묻어 있고 애벌레까지 기어 다니고 있었어요. 준호가 소리쳤어요.

"으악! 이게 뭐야! 벌레잖아! 으악 더러워!"

"예끼! 더럽다니! 얼마나 깨끗하게 기른 채소인데 그 무슨 소리여?"

어디선가 차먹어 할머니가 나타나 준호의 머리를 콩 쥐어박았어요. 눈물이 찔끔 날 정도로 아팠어요.

준호가 억울한 듯 말했어요.

"벌레가 기어 다니잖아요. 보세요. 배추에는 구멍도 숭숭 뚫려 있잖아요. 애벌레도 있고, 상추 뒤에는 벌레가 알도 깐 거 같아요!"

차먹어 할머니가 껄껄 웃으며 말했어요.

"건강하고 맛있는 채소라 벌레들도 달다고 갉아먹은 거여."

가만히 있던 진호가 궁금한 건 참지 못하겠다는 듯 물었어요.

"이상해요. 벌레 안 먹고 구멍 안 뚫린 매끈하게 잘 빠진 채소나 과일이 좋은 거 아니에요? 보기 좋은 떡이 먹기도 좋다는데."

"니들 시방 벌레 무시하는겨? 벌레라고 맛도 볼 줄 모르는 게 아니여. 벌레도 농약 엄청 먹은 채소들은 갉아 먹지도 않제."

"그럼 벌레가 좋아하는 채소가 건강에 좋은 거예요?"

"그렇제. 자, 이쪽으로 와 봐. 어제 말한 텃밭을 함 보여줄팅게."

어느새 쌍둥이 옆에 걱정이와 다알아 군도 와 있었어요. 아이들은 할머니가 이끄는 대로 캠프 뒤뜰로 나섰지요. 캠프 뒤에는 넓은 텃밭이 세 개나 있었어요. 각각 고추, 깻잎, 토마토 같은 채소가 심어져 있었지요. 평소에는 쳐다보지도 않았던 토마토지만 오늘

만큼은 무척 먹음직스러워 보였어요. 입안에 침이 고이는 걸 참지 못한 준호가 후다닥 밭으로 달려갔어요.

"할머니! 이 토마토 하나 따 먹어도 되죠?"

"그럼. 그 토마토는 옷으로 흙만 슥슥 닦아 내고 먹어도 돼야."

준호는 잘 익은 토마토를 따 옷에 닦은 뒤 한 입 베어 물었지요. 입안에 달콤한 토마토즙과 향이 확 퍼졌어요. 준호는 감탄했어요.

"우아! 토마토가 원래 이렇게 달았어요?"

준호는 순식간에 토마토를 다 먹어치웠어요. 그러다 문득 머릿속을 스치는 생각이 있었어요. 엄마가 쌍둥이에게 과일이나 채소를 줄 때 꼭 물에 식초를 넣고 몇 분 정도 담갔다가 먹으라고 한 말이 떠올랐거든요. 엄마는 그렇게 해야 농약이나 세균이 없어

진다고 말했지요. 준호는 다시 재빨리 물었어요.

"할머니 근데, 이 토마토는 식초로 안 씻고 먹어도 돼요?"

그러자 다알아 군이 끼어들어 준호의 말을 가로챘어요.

"넌 팻말이랑 마크도 안 보이냐? 친환경 농산물 인증 마크잖아!"

준호는 냉큼 다알아 군이 가리키는 곳을 보았어요. 텃밭에는 정말 신기하게 생긴 마크가 각각 팻말에 그려져 있었어요. 네모난 녹색 박스 안에 각각 다른 말이 적혀 있었어요. 고추와 깻잎에는 '무농약', 토마토에는 '유기농'이라고 적혀 있었죠. 준호가 물었어요.

"이게 다 친환경 농산물이야? 근데 왜 마크에 적힌 말이 달라? 다 똑같은 거 아닌가?"

다알아 군이 코웃음을 치며 대답했어요.

"무슨 소리! 무농약과 유기농은 엄연히 다르다고. 채소나 과일 같은 농산물 중에서 유기농 마크는 일반 농산물에 사용하는 영양 공급용 화학 비료나 농약, 잡초를 제거해 주는 제초제를 하나도 쓰지 않은 농산물에만 붙는 마크야. 또 무농약 마크는 농약과 제초제는 쓰지 않고, 화학 비료만 권장량의 3분의 1 이하로 쓰는 농산물에 붙어. 예전에는 농약을 적게 쓰면 받을 수 있는 저농약 마크도 있었지만 소비자들에게 혼란을 줄 수 있고 국제 기준에 적합하지 않다는 이유로 지금은 농약을 한 방울이라도 사용하면 친환경 농산물이 될 수 없어."

옥수수 박사의 캠프 자료
여기저기 친환경, 친환경! 친환경이 뭘까?

친환경 주택, 친환경 페인트, 친환경 개발까지……. 요즘 어디서나 쉽게 들어 볼 수 있는 말 중 하나가 바로 '친환경'이에요. 친환경이란 말 그대로 환경과 조화를 이루도록 환경을 배려하는 것 자체를 말해요. 특히 '친환경 농산물'은 합성 농약이나 화학 비료, 항생제, 항균제 같은 화학 물질을 사용하지 않거나 사용을 최대한 줄이고, 농업 생태계와 환경을 보호하고 유지하면서 깨끗하고 안전하게 생산한 농산물을 말해요.

화학 비료를 많이 쓰면 일시적인 효과를 보겠지만, 화학 비료에는 인간에게 좋지 않은 영향을 미치는 성분들이 많이 들어 있어요. 또 농약으로 제거하려 했던 해충이나 잡초들도 내성이 생겨서 시간이 지나면 같은 양의 농약을 뿌려도 해충이나 잡초가 죽지 않게 되죠. 그러다 보면 더 강력한 농약을 사용하게 되어 잡초나 해충뿐만 아니라 이로운 생물까지 죽이는 결과를 초래할 수도 있어요.

나중에는 땅의 영양분이 부족해지면서 결국 땅이 황폐해지고 말지요. 때문에 이러한 피해를 줄이고자 사람들은 친환경 농사를 짓기 시작했어요. 이렇게 친환경적으로 생산된 농작물을 친환경 농작물이라고 하지요.

친환경 농법 이용한 싹 틔우기

다알아 군의 이야기를 들은 걱정이는 깜짝 놀랐어요. 농사를 지을 때는 농약이나 화학 비료를 필수적으로 써야 한다고 생각했는데, 그것들을 쓰지 않아도 이렇게 맛좋은 작물들이 재배될 수 있다니 무척 놀랐지요. 그때 걱정이의 발 앞에 무엇인가 꿈틀거렸어요.

"으악! 이게 뭐야?"

다알아 군이 달려와 걱정이 발밑을 유심히 살펴보았어요. 그러더니 나뭇가지를 써서 그 꿈틀거리던 것을 살살 집어 올렸지요.

"이건 지렁이야."

"지렁이? 나 지렁이 실제로는 처음 봐."

차먹어 할머니가 안타까운 얼굴로 말해 주었어요.

"요즘은 다 콘크리트나 시멘트로 바닥을 발라 버리니께 니들이 지렁이 보기가 하늘에 별 따긴 거여. 이 토마토가 이리 맛있는 게 다 이 지렁이 덕분이제. 지렁이가 땅속에서 꿈틀꿈틀 하며 흙도 갈아 주고, 똥도 싸면서 땅에 영양분을 잔뜩 공급해 준 덕에 이 토마토가 유기농 토마토 인증을 받을 수 있었던 게야."

"우아, 그럼 지렁이 농사법이네요?"

"그런 셈이지. 지렁이뿐인 줄 알아? 우렁이나 오리, 무당벌레를 이용해서 농사를 짓는 경우도 있제."

쌍둥이와 걱정이는 믿어지지 않는 듯 눈을 껌뻑거렸어요.

건강한 식탁을 위한 로컬 푸드

그때 진호가 다알아 군에게 조심스레 물었어요.

"다알아, 너는 어떻게 그런 걸 다 알아?"

다알아 군이 갑작스러운 질문에 조금 당황한 듯했어요. 하지만 이내 대답했어요.

"나는 아직 어리지만 엄연히 농부야. 농부니까 잘 아는 건 당연하지.

게다가 난 옥수수 박사님과 차먹어 할머니를 도와 이 텃밭을 꾸려서 마을에서 열리는 '로컬 푸드 직거래 장터'에 내 힘으로 기른 작물을 팔기까지 한다고."

진호가 처음 듣는 용어에 귀를 쫑긋하며 되물었어요.

"로컬 푸드 직거래 장터? 보통 장터와 뭐가 다른 건데?"

"흠, 그럼 내가 질문 하나 할게. 너, 저기 사과로 유명한 '의성'이라는 곳에서 기른 사과가 너희 동네 마트에 오기까지 어떤 과정들을 거치는지 알아?"

진호는 곰곰이 생각하고는 대답했어요.

"일단 사과를 재배한 다음 수확하고, 포장한 다음 차에 실어서 서울까지 오겠지."

"맞아. 그럼 일본에서 재배한 사과가 너희 동네 마트에 오려면?"

"뭐 재배하고 수확하는 것까진 비슷하겠지만…… 아무래도 다른 나라에 가져다 파는 거니까 포장을 좀 더 꼼꼼하게 해야 할 것 같아. 또 아무래도 거리가 훨씬 머니까 오는 데 시간도 오래 걸리고, 그 사이에 사과가 썩으면 안 되니까 약품으로 방부 처리 같은 것도 해야 할지 몰라. 또 차로만 오는 게 아니라 배나 비행기로 옮기기도 할 테니 비용도 훨씬 많이 들 테고……."

다알아 군이 고개를 끄덕이며 말했어요.

"맞아. 같은 사과지만 일본에서 온 사과가 신선도도 떨어질 테고, 방부 처리를 했기 때문에 우리 몸에 좋지 않을 수도 있어. 또 일본에서 사과를 가지고 오는 데 화석 연료도 훨씬 많이 들 테니까 이산화탄소 배출도 많아지고, 결과적으로 지구 온난화에도 좋지 않을 거야."

쌍둥이는 반짝이는 눈으로 다알아의 말을 집중해서 들었어요. 다알아가 말을 이어 갔어요.

"그런 걱정을 덜기 위해 나타난 게 '로컬 푸드'를 소비하자는 운동이야. 로컬 푸드는 로컬(Local), 즉 내가 살고 있는 지역에서 약 50킬로미터 이내의 지역에서 생산한 식품, 즉 푸드(Food)를 말해. 우리 지역에서 생산한 식품은 이동 거리가 짧아 신선한 데다 운반 비용도 적어서 값도 더 싸겠지."

"아, 그렇구나!"

"그래서 우리 마을에서 '로컬 푸드 직거래 장터'를 연 거야. 만든 사람이 직접 파니 신선하고 믿을 수도 있고, 나 같은 농부들은 신선한 채소를 직접 파니 더 열심히 농사를 지어야겠다는 책임감도 생기고, 단골도 많아져서 자부심도 커졌다고. 이 마을에서는 내가 꼬마라고 아무도 무시 못해. 또 중간 상인한테 주는 비용도 없어서 도움이 되지."

준호는 외국에서 온 수입 식품이라면 신기한 마음에 늘 엄마에게 사 달라고 조르던 자신의 모습을 떠올렸어요. 단순히 비싸서 엄마가 사 주

세계의 로컬 푸드 운동

로컬 푸드 운동이 활성화되면 지역 경제가 살아나는 것은 물론, 농민들의 이윤이 높아져서 더 나은 고품질의 작물을 생산하는 데 기여한다고 해요. 또 로컬 푸드가 활성화되면 식량 자급률을 높일 수 있어 국가 경쟁력도 갖춰진다고 해요. 세계 곳곳에서 일어나고 있는 여러 로컬 푸드 운동을 살펴볼까요?

미국의 100마일 다이어트 운동

100마일 다이어트 운동은 먹을거리를 내가 살고 있는 지역에서 100마일, 즉 약 160킬로미터 이내에서만 생산된 것만 사용하자는 운동이에요. 미국과 캐나다에서는 지금도 각 지역마다 50마일, 250마일 등 여건에 맞는 거리를 설정해서 식탁을 바꾸어 나가고, 건강도 지키는 운동이 활발하게 이루어지고 있어요.

이탈리아의 슬로푸드
슬로푸드는 패스트푸드를 반대하고, 지역 특성에 맞는 전통적인 식생활 문화를 추구하는 국제 운동이에요. 1986년 이탈리아의 한 편집자가 처음 시작하면서 널리 퍼졌고, 전 세계적인 호응을 받아 지금은 국제 문화 운동으로까지 이어졌어요.

일본의 지산지소 운동
일본 지산지소 운동은 '지역 생산, 지역 소비'라는 말의 줄임말이에요. 1981년에 시작되어, 지역 농산물에 대한 소비자의 관심을 불러일으켰고 지역 농업을 활성화시키며 일본식 식생활과 식문화를 지켜 나가는 데 앞장섰지요. 일본 지산지소 운동은 생산자인 농부들 외에도 소비자, 가공업자, 정부 등 다양한 주체들이 적극적으로 이 운동에 참여하고 있는 것이 특징이에요.

네덜란드의 그린 케어 팜 (Green Care Farm)
그린 케어 팜은 '치유 농업'을 뜻해요. 농촌과 농사로 우리의 신체적, 정신적 건강과 사회성을 회복하는 데 기여하는 운동이지요. 네덜란드 외에도 유럽의 여러 나라에서 많이 각광받고 있는 이 운동은 각 지역의 치유 농장들이 지역 사회의 병원 등과 연계되어 지역 공동체에 새로운 휴식처로서 큰 역할을 담당한다고 해요. 이미 유럽에서는 치유 농업이 오래 전부터 농업의 한 분야로 인식되고 있다고 하지요.

한국의 로컬 푸드 정책
우리나라도 로컬 푸드에 대한 관심이 증가하면서 로컬 푸드 매장이 빠르게 확산되고 있어요. 로컬 푸드 직매장이 이미 전국 각지에 많이 생겨났고, 전북 완주군에서는 2008년 로컬 푸드 정책을 도입하면서 크게 성공했어요. 서울에서는 도시 농업 활성화 사업을 추진하고 있어요.

지 않는 거라고 생각했는데, 그 마음 속에는 엄마의 깊은 생각이 있었다는 것을 깨닫자 마구 조르기만 하던 자신이 부끄러워졌지요.

다알아 군은 덧붙여 말했어요.

"물론 수입 식품이라고 다 나쁘지는 않아. 가까이에서 생산되는 식품에는 아무래도 한계가 있으니까. 두리안 같은 과일은 우리나라에서는 생산되지 않잖아. 그러니까 다른 나라에서 온 식품을 먹어도 되지. 그리고 어떻게 내가 그런 걸 다 아냐면 말이야, 내가 먹는 음식들이 어디서 어떻게 왔고, 어떤 과정을 거쳐 만들어지는지 아는 것은 당연한 일이거든."

진호는 뜨끔했어요. 햄이라면 사족을 못 쓰는 진호지만, 캠프에 오기까지 햄에 대해서는 하나도 알지 못하고 있었거든요. 식품 안전 캠프 덕에 햄에 어떤 합성 첨가물이 들어가는지, 내 몸에 어떤 영향을 주는지 조금이나마 알게 되었지요. 하지만 그전까지는 하나도 알지 못했다는 사실이 너무 부끄러웠어요. 얼굴이 달아오른 쌍둥이를 보면서 차먹어 할머니가 싱긋 웃었어요.

"이제 잘 알았제? 그러니께 오늘 니들이 집으로 돌아가서 엄마와 슈퍼마켓에 갈 적에 채소를 고르면서 친환경 마크를 잘 보고 사면 좋아. 이 마크에는 인증한 국가 기관의 이름, 이 채소를 재배한 사람의 이름과 연락처, 인증 번호 등이 다 적혀 있어서 더 신뢰가 가제."

다알아 군이 차먹어 할머니의 말을 받아 한마디 더 덧붙였어요.

"맞아. 그리고 우리가 먹는 가공식품에는 의외로 이런 친환경 농산물을 이용해 만든 제품들이 꽤 많아."

아이들은 너나할 것 없이 토마토를 따 먹었어요. 입안 가득 토마토를 먹는 아이들을 보고 차먹어 할머니의 얼굴에서 지금까지 볼 수 없었던 환한 미소가 떠올랐지요.

"자, 어여 들어가자! 이 할미가 아침에 맛난 보쌈고기를 삶았응께, 아까 그 채소들 봤제? 깨끗이 씻어서 아침 먹자!"

"야호!"

아이들은 질 세라 재빨리 캠프장 안으로 들어갔어요.

식품에도 GPS가 있다?

오랜만에 쌍둥이의 얼굴에 웃음이 활짝 피었어요. 햄이나 콜라보다 더 맛있는 음식이 있다면 분명 지금 먹고 있는 이 보쌈고기일 거라고 생각했지요. 게다가 직접 기른 유기농 채소에 고기를 싸 먹으니, 정말 좋았어요. 엄마가 고기 반찬을 해 줄 때는 늘 당근이나 양파 같은 채소는 모두 빼고 먹었는데, 그때 빼고 먹었던 야채들이 아까울 정도였어요. 고기와 함께 먹는 상추는 달콤쌉싸름했고, 배추는 무척 달았어요. 사탕과 과자, 콜라의 달콤함과는 차원이 다른 건강한 단맛이었지요.

아이들이 입이 미어터져라 고기와 채소를 밀어넣는데, 옥수수 박사님이 모습을 드러냈어요.

"허허허! 맛있게들 먹고 있나요?"

"넵!"

"차먹어 할머니한테 건강한 식품을 고르는 방법에 대해서도 잘 배웠나요?"

"넵! 으기노와 무노걕, 저노걕 놀살물이……"

"허허, 일단 먹도록 해요. 그러다 체하겠어요."

그때 부엌에서 차먹어 할머니가 옥수수 박사님을 불렀어요.

"영감!"

"…… 나 말인가요?"

"그려 영감! 여기 영감이 당신 말고 또 있어? 헛소리 말고 이 간장 좀 GPS로 추적해 봐 줘."

커다란 쌈을 먹던 준호가 깜짝 놀라 외쳤어요.

"간장에도 GPS가 있어요? 휴대전화처럼?"

간장을 받아 든 옥수수 박사가 덥수룩한 수염을 쓰다듬으며 웃었어요. 진호는 그 수염이 왠지 모르게 가짜 수염 같다는 생각이 들었지요.

"허허! 간장에 GPS가 달려 있는 건 아니지만, 이 간장 같은 가공식품 뿐만 아니라 채소, 생선, 육류에 대한 모든 것을 추적할 수 있는 GPS 본부 같은 곳이 있답니다."

기계 다루기를 좋아하는 진호가 눈을 반짝거리며 말했어요.

"그 본부가 어디 있는데요?"

"인터넷 공간에서 누구나 쉽게 이용할 수 있어요. 이렇게 식품을 만들고, 포장하고, 판매하는 모든 과정을 기록하고 관리해서 일반 소비자들이 알 수 있게 해 놓은 제도의 이름이 바로 '식품 이력 추적 관리제'라는 거예요."

"우아! 그럼 제가 좋아하는 마늘맛 햄에 대해서도 만들어지고 판매되는 모든 과정을 알 수 있는 건가요?"

"물론이지요. 이런 제도는 소비자의 알 권리를 보장하는 아주 훌륭한 제도랍니다. 게다가 만약 어떤 식품이 오염되고 안전하지 않은 식품으로 판명되면, 해당 식품의 유통을 재빨리 막는 데도 이 제도가 아주 유용하지요."

진호가 잔뜩 신이 나 큰 소리로 외쳤어요.

"우아! 집에 가서 당장 찾아볼래요. 마늘맛 햄이 어디서 어떻게 왔고, 어떤 방법으로 만들어졌는지 알 수 있다니, 신기하다!"

준호도 지지 않고 말했어요.

"저도요! 제가 좋아하는 콜라도 있을 테니, 확인할 수 있겠죠?"

얌전히 있던 걱정이도 입을 작게 오물거리면서 말했어요.

"저도 찾아볼래요. 전 아토피에 천식까지 있으니, 이제 제가 먹어도 괜찮은 가공식품을 찾아볼래요. 분명 제가 먹어도 괜찮은 건강 과자와 건강 음료수를 찾을 수 있을 거 같아요."

옥수수 박사의 눈이 동그래졌어요. 그러더니 눈가에서 반짝 빛이 났어요. 옥수수 박사의 눈에 눈물이 고였어요.

"아주 좋아요, 여러분! 우리 캠프 졸업생으로서의 자격이 충분해요! 이렇게 감격적일 데가……자, 그렇다면 수료증을 주어야지요. 잠깐, 여

옥수수 박사의 캠프 자료
식품, 너 꼼짝 마!

내가 지금 먹고 있는 농산물, 수산물, 육류, 가공식품이 어디서 어떻게 왔는지 알고 싶지 않나요?

식품안전정보원의 식품 이력 정보 조회 서비스 홈페이지(www.tfood.go.kr)에 들어가면 간단한 검색만으로도 가공식품과 건강 기능 식품에 대한 이력을 조회할 수 있어요. 국내 식품뿐만 아니라 수입 식품까지도 식품의 제조, 가공 과정에 대한 정보와 식품의 이동 경로를 알 수 있도록 해 놓았답니다.

농산물 이력 추적 관리는 국립농산물품질관리원 GAP정보서비스(www.gap.go.kr)에서 각 농산물마다 부여된 이력 관리 번호와 각 농가에 부여된 번호 등을 입력하면 해당 농가에서 생산한 농산물의 품목과 생산지 등을 체계적으로 살펴볼 수 있어요. 이렇게 농산물 이력 추적이 가능한 제품에는 특별한 인증 마크가 부착되지요.

이 밖에도 국내산 쇠고기나 돼지고기 같은 축산물은 축산물 이력제 홈페이지(aunit.mtrace.go.kr)에서 가축의 출생부터 도축, 가공, 판매에 이르는 모든 정보를 살펴볼 수 있고, 수산물 이력제 홈페이지(www.fishtrace.go.kr)에서는 식탁에 오르는 모든 수산물들의 정보를 꼼꼼히 기록하여 관리, 공개하고 있어서 소비자들이 안심하고 생산물들을 구매하고 선택해 먹을 수 있도록 크게 기여하고 있어요.

기 내가 어딘가에 수료증을 두었는데……. 아이쿠!"

옥수수 박사가 기우뚱하더니 금이 간 타일에 걸려 크게 넘어지고 말 았어요. 그 모습을 본 쌍둥이와 걱정이가 동시에 소리쳤어요.

"조심하세요, 박사님!"

"박사님, 괜찮으세요?"

"엄마, 괜찮아?"

진호와 준호는 옥수수 박사를 보다 말고 "엄마, 괜찮아?"라고 말한 걱정이를 돌아보았어요.

"엄마? 박사님은 남자……."

아이들이 밥을 먹다 말고 벌떡 일어나 옥수수 박사에게 달려갔어요. 그런데 옥수수 박사의 벗겨진 머리에 머리카락이 수북이 나 있었어요. 덥수룩했던 턱수염은 온데간데없이 몇 가닥만 남아 있었지요. 턱은 온통 풀칠투성이였어요. 옥수수 박사의 안경 역시 벗겨져서 어디론가 사라졌지요. 엉망이 된 옥수수 박사의 얼굴을 확인한 쌍둥이는 깜짝 놀라 소리쳤어요.

"담임 선생님!"

옥수수 박사는 사실 쌍둥이의 담임 선생님이었어요. 편식도 심하고 가공식품을 너무 좋아하는 쌍둥이의 식습관을 고쳐 주고 싶어서 단기 식품 안전 캠프를 연 것이었어요.

담임 선생님은 멋쩍은 듯 머리를 긁적이며 말했어요.

"아이쿠……, 남자 흉내도 힘든데 박사 흉내까지 내느라, 이 선생님이 엄청 힘들었어, 요 녀석들!"

담임 선생님이 쌍둥이의 머리를 안 아프게 살짝 쥐어박았어요. 아직도 얼떨떨했는지 쌍둥이는 넋을 잃은 표정이었어요. 그러자 걱정이가 말했어요.

"엄마, 다친 덴 없어요?"

"그래 괜찮아."

쌍둥이를 향해 담임 선생님이 미안한 표정으로 말했어요.

"너희를 속여서 미안하구나, 진호, 준호야. 사실 걱정이는 내 딸이야. 너희 식습관을 좀 바꿔 주려고 너희 부모님과 짜고 이 캠프를 마련한 거란다. 내가 아무리 말해도 너희가 편식하고, 콜라나 햄 같은 가공식품을 입에서 뗄 줄 모르니 너희를 속여 가면서까지 이 캠프를 열 수밖에 없었어."

자초지종을 들은 쌍둥이는 어이가 없어서 입만 떡 벌리고 있었어요. 겨우 정신을 차린 준호가 다알아 군을 콕 짚어 가리키며 물었어요.

"그럼 애는, 애는 누군데요?"

"알아는 옆집에 사는 아이야. 너희를 좀 자극시키기 위해서 음식에 대해 잘 아는 이 꼬마 농부에게 특별히 부탁했지. 알아야, 덕분에 내 제자들이 이제 편식도 안 하고, 건강하게 음식을 먹을 것 같아. 정말 고맙구나. 어머님, 감사해요. 캠프장도 이렇게 빌려 주시고……. 쌍둥이 그리고 걱정아, 할머니께 감사 드린다고 해야지?"

쌍둥이는 얼떨결에 넙죽 인사했어요. 아직도 이 상황이 믿기지 않았지요. 진호가 먼저 담임 선생님께 말했어요.

"옥수수 박사가 선생님일 줄은 꿈에도 생각 못했어요."

"맞아요. 선생님이 저희 식습관에 대해서 그렇게 걱정하고 계신 줄은 더더욱 몰랐고요."

준호도 이어서 말하자 담임 선생님이 웃으며 말했어요.

"미안해. 하지만 너희가 이해해 주면 좋겠어. 반 아이들 모두 다 내 자식 같은 아이들인데, 너희 식습관만 좀처럼 바뀌지 않는 게 너무 안타까웠거든. 그래서 너희와 좀 더 친해질 겸, 또 세상에 햄과 콜라 말고도 더 맛있고 건강한 음식들이 많다는 것을 알려 주고 싶었단다. 너희가 좋아하는 햄과 콜라가 어떻게 만들어졌는지 꼭 알고 먹기를 바라는 마음도 컸고 말이야. 알겠니? 햄토리, 콜라킹?"

선생님의 진실한 마음이 쌍둥이에게도 전해졌어요. 만날 혼만 내는 무서운 분인 줄 알았는데, 그 누구보다 쌍둥이를 걱정했다는 사실을 깨달았거든요. 쌍둥이는 가만히 선생님에게 다가갔어요. 그러고는 양 팔로 선생님을 꼭 안아 드렸어요. 괜히 콧잔등이 간지러운 듯했어요.

"고맙다, 진호야 준호야. 자, 이제 집으로 가자꾸나. 부모님이 많이 기다리실 거야."

"네, 선생님!"

쌍둥이와 담임 선생님, 걱정이는 차먹어 할머니와 꼬마 농부 다알아 군의 배웅을 받으며 식품 안전 캠프를 떠났어요. 쌍둥이의 두 손에는 차먹어 할머니와 다알아 군이 직접 재배한 신선한 로컬 푸드, 토마토가 한아름 담겨 있었답니다.

토론왕 되기!

농촌이 아닌 도시에서 농업이 필요할까요?

의식주(衣食住)는 인간이 생활하는 데 기본이 되는 요소들이에요. 그런데 텔레비전에서 지난해부터 먹방(먹는 방송), 쿡방(요리하는 방송)이 인기를 끌면서 음식에 대한 관심이 매우 높아졌어요. '웰빙' 바람이 불면서 소비자들의 관심은 안전하고 건강한 먹거리로 옮겨갔어요. 여기서 더욱 발전된 것이 직접 먹거리를 생산하자는 것이에요. 사실 농촌에서는 가능하지만 도시에서는 매우 어렵지요.

1980년대 미국과 유럽을 중심으로 먹거리를 대량 생산하는 시스템에 반대해 직접 텃밭을 가꾸기 시작하면서 도시 농업이 발전했어요. 가장 활성화된 곳은 영국으로 역사가 100년이 넘어요. 영국 북부 작은 도시 토드모든은 마을 곳곳에 허브와 채소 등을 가꿀 수 있는 화단을 마련해 놓을 정도로 주민들이 적극적으로 참여하고 서로 정보를 나누면서 자연스럽게 유대감도 생겼대요. '놀라운 먹거리'라 이름 붙은 이 운동에는 2018년에만 49개 지역이 참여하는 등 큰 호응을 얻고 있어요. 런던에서는 전체 가구의 14%가 정원에 농작물을 기르고 있대요. 공공기관의 임대 텃밭을 얻으려면 10년 이상 기다려야 한대요.

산업화에 따라 도시 외곽으로 밀려났던 파리의 도시 농부들도 최근 소규모 도시 농업 활성화로 다시 시작하는 분위기래요. 농촌진흥청의 '세계의 도시 농부들' 보고서에 따르면 현재 파리에는 100여 개의 공동체 텃밭이 꾸려지는 등 기근 등이 몰아친 17세기 후반 도시 농부들에 의해 식량 안보가 지켜졌던 과거 영광을 재현하기 위해 노력 중이랍니다. 프랑스 농촌진흥청은 2011년부터 파리 시민이 식량을 자급하기 위한 기술을 연구 중이며, 파리 시립 유기농 농장에서는 민관 협동으로 가축들을 함께 키우고 있대요.

미국 역시 연방정부 지원 하에 도시 텃밭 가꾸기가 활발해요. 뉴욕에만 옥상 텃밭을 가진 빌딩이 600개 이상이고 미셸 오바마 전 대통령 부인은 패스트푸드에 길들여진 국민들이 건강한 먹거리에 관심을 갖도록 백악관에 텃밭을 가꾸었고 이후의 대통령 부인들도 텃밭을 이어 받았어요. 시카고에서는 빈민층 청소년들이 농산물 재배부터 판매까지 참여하고, 도시 빈민들이 스스로 농산물을 길러 먹을 수 있도록 버려진 땅을 이용한 농사 운동도 한창이랍니다.

독일은 방치된 공용 땅을 적극적으로 활용해요. 베를린 주민들은 도심의 버려진 땅을 2009년부터 임대해 훌륭한 텃밭으로 만들었는데, 지금은 베를린의 대표 농장 '공주님들의 정원'으로 변신했어요. 이곳은 농작물 수확뿐 아니라 녹지 공간으로 기능해 삭막한 도시에 활기를 불어넣어요.
도시 속의 작은 정원인 '클라인가르텐'은 스트레스에 절은 도시인들이 피로를 씻을 수 있는 주말농장으로 독일 어느 도시를 가더라도 볼 수 있어요. 주정부가 지역 협회에 임대하고, 이것을 다시 소속 단지 협회나 개인 회원에게 재임대하는 방식으로 운영되지요. 정원의 3분의 1 이상을 작물로 재배해야 되고 관리 소홀 시 강제로 쫓겨나는 등 규정도 엄격하지요.

차먹어 할머니의 특별 심부름

오늘은 차먹어 할머니와 다알아 군이 함께 오이소박이를 만드는 날이에요. 마침 오늘은 마을 로컬 장터가 열리는 날이라, 차먹어 할머니는 다알아 군에게 로컬 장터에 가서 유기농 오이, 무농약 부추, 저농약 고추를 사 오라고 시켰지요. 다음 그림을 보고 다알아 군이 사 와야 하는 채소들에 ○표해 보세요.

5장

올바른 장보기, 식품 안전의 시작!

오늘은 5월 14일, 식품 안전의 날!

쌍둥이가 담임 선생님, 아니 '옥수수 박사'님과 함께한 식품 안전 캠프에 다녀온 지도 벌써 1주일이 흘렀어요. 진호와 준호의 식습관은 몰라보게 달라졌답니다. 일단 진호는 햄을 먹는 횟수를 엄청나게 줄였어요. 또 엄마는 햄을 꼭 물에 한번 삶았다가 요리했어요. 그래야 햄 속에 들어 있는 식품 첨가물을 조금이나마 제거할 수 있다고 진호가 말했기 때문이지요.

변화는 준호에게도 일어났어요. 준호는 밥을 먹고 나서도 더 이상 콜라를 찾지 않았어요. 콜라 대신 물을 마셨지요. 엄마도 아이들의 변화가 무척이나 기뻤어요. 캠프 이후로 요리할 때마다 옆에서 시시콜콜 잔소리를 하는 쌍둥이가 조금 귀찮기는 했지만, 배워 온 것을 이렇게 기특하게 잘 실천하는 쌍둥이의 모습에 엄마는 칭찬을 아끼지 않았지요.

"대단해 우리 아드님들. 식품 안전 캠프 한 번만 더 갔다가는 아주 직접 요리까지 할 기세야."

"할 수만 있다면 그렇게 하고 싶어요. 엄마 요리는 가끔……."

"예끼! 그럼 먹지 마세요, 도련님들!"

엄마가 살짝 눈을 흘기며 준호 앞에 놓인 밥그릇을 뺏는 시늉을 했어요. 그러자 잽싸게 준호가 밥그릇을 다시 식탁에 올려놓으며 말했어요.

"아니에요, 엄마! 유기농으로 재배한 이 쌀밥을 놓칠 수는 없지요!"

옆에 있던 진호도 질 세라 크게 외쳤어요.

"우렁이로 재배해서 우렁이 쌀이라고 한다던데, 우렁이 쌀맛이 얼마나 좋은지 제가 확인을 해 봐야겠어요."

"아이구, 아주 박사 나셨어 박사."

엄마의 말에 쌍둥이는 크게 웃었어요. 쌍둥이가 우렁이 쌀로 지은 밥을 한 공기 뚝딱 비우자, 엄마가 혼잣말을 하듯 말했어요.

"오늘은 장을 좀 봐야겠네. 장 본 지도 벌써 1주일이 지났는데. 어디, 오늘이 며칠이더라…… 5월 14일, 어머, 오늘이 그 연인들이 서로에게 장미꽃을 나눠 준다는 로즈데이잖아."

그때 갑자기 진호가 소리를 빽 질렀어요.

"무슨 소리예요 엄마! 오늘은 식품 안전의 날이라고요."

"아이고 깜짝이야, 귀청 떨어지겠다. 그게 무슨 소리니? 식품 안전의 날도 있어?"

진호는 입에서 밥알을 마구 튀기며 열변을 토했어요.

"엄마는 식품 안전의 날도 모르세요? 2001년에 식품 안전 관리 대책 협의회에서 제정한 아주 중요한 날이라고요. 매년 그 시기가 되면 기념행사도 엄청 하고, 또 식생활 안전 캠페인도 엄청 펼치는데 엄마는 그런 것도 모르셨어요?"

"아이고! 그래, 엄마는 몰랐어. 우리 아들이 이렇게 똑똑한데, 엄마는 몰라도 되지 않을까?"

진호가 불쑥 참견하며 엄마에게 말했어요.

"엄마, 어린이의 식생활은 부모님에게 달려 있다고요. 저희 식사를 책임져 주시는 사람이 누구예요, 엄마잖아요? 엄마가 먼저 올바르게 알고 계셔야 저희의 식품 안전을 지킬 수 있다는 사실 아시잖아요. 저희만 이렇게 알면 뭐 해요? 그러니까……."

엄마가 오른손으로 이마를 탁 쳤어요. 식품 안전 캠프에 보내지 말 걸 그랬나 하는 생각도 아주 잠깐 했어요. 하지만 금세 아이들의 기특한 생각에 흐뭇했지요. 엄마는 굽신거리는 흉내를 내며 쌍둥이에게 말했어요.

"아이구야…… 어련하시겠어요 박사님들? 그럼 이 엄마가 장을 보러

나갈 건데, 한 수 좀 가르쳐 주시겠어요? 좋은 식품을 고르는 방법 좀 알려 주세요."

쌍둥이는 서로의 얼굴을 바라보며 씩 웃었어요. 진호가 허리춤에 손을 턱 얹고는 말했어요.

"흠…… 그렇다면 물론 간식도 사 주시는 거죠?"

엄마가 그럴 줄 알았다는 듯 씨익 웃었어요.

"여부가 있겠습니까, 도련님?"

"오예!"

쌍둥이는 방으로 쌩 달려가 장 보러 갈 채비를 했어요.

건강한 식생활, 함께 지켜요!

식품 안전 캠프에 갔다 오기 전에는, 쌍둥이가 마트에 가면 엄마한테 햄이나 콜라를 사 달라 조르면서 늘 눈물범벅이 되어 집으로 돌아오곤 했어요. 하지만 이제 쌍둥이는 완전히 달라졌어요. 엄마보다 더 꼼꼼하게 매의 눈으로 식품을 고르느라 바빴거든요.

카트를 밀고 있는 엄마 뒤에서 진호가 속삭였어요.

"엄마 아시죠? 제철 음식. 잊으시면 안 돼요."

"알아요 알아."

채소나 과일, 해산물 가운데는 특정한 계절이나 특별한 시기에만 얻을 수 있는 것이 있어요. 특정 계절이나 시기에 맛이 가장 좋은 것도 있지요. 이런 식재료로 만든 음식이 바로 제철 음식이에요. 우리가 좋아하는 딸기나 냉이, 쑥 등은 봄이 제철이고, 수박이나 토마토, 참외 등은 여름이 제철이지요. 대하나 사과, 배, 감 등은 가을이 제철이에요. 귤이나 우엉 등은 겨울이 제철이랍니다. 신선하고 맛 좋은 제철 음식을 먹는 것은 건강한 식생활을 지키는 데 아주 중요하지요.

엄마와 쌍둥이는 지금 막 제철을 맞은 참외를 한 바구니 샀어요. 알 굵은 감자도 꼼꼼히 골라 카트에 넣었지요. 오늘 저녁 메뉴를 기대하며 쌍둥이는 부리나케 엄마 뒤를 따라갔어요.

한참을 두리번거리던 엄마가 양념 코너에서 멈췄어요. 집에 케첩이 다 떨어진 모양이에요. 엄마는 눈앞에 있는 케첩 하나를 들어 카트에 넣으려고 했어요. 그때 준호가 외쳤어요.

"잠까안!"

"아이고, 깜짝이야! 왜 그러니 준호야?"

"엄마, 그냥 아무거나 막 집어넣으시면 안 되는 거 모르세요? 식품 성분, 영양 성분 표시 확인하기! 지금 그것도 안 보시고 카트에 막 집어넣으셨잖아요."

"아이고, 알았다 알았어."

엄마는 집어넣은 케첩의 포장지 겉면에 적힌 식품 성분을 확인했어요. 다행히 합성 보존료나 합성 착향료는 들어 있지 않은 제품이었어요. 토마토와 물엿, 과당, 발효 식초 등 꼭 필요한 성분만 들어 있는 착한 케첩이었지요.
　준호는 식품 성분을 살펴보는 엄마의 모습을 꼼꼼히 감시하듯 살펴보았어요. 엄마가 준호 앞에 케첩 성분표를 내밀어 보여 주자, 준호도 깐깐한 눈으로 살펴보고는 고개를 끄덕였어요. 그제야 엄마는 케첩을 다시 카트에 넣을 수 있었어요.
　"다음에는 엄마 혼자 와도 이렇게 꼼꼼하게 식품 성분표를 살피고 사

셔야 해요. 알겠죠?"

"호호호, 알았어. 누가 엄마인지 모르겠구나 호호. 조금 번거롭긴 하지만, 성분을 알고 사니 확실히 마음이 놓이긴 하는구나."

엄마는 휴대전화를 꺼내 다음 장보기 물품 목록을 살폈어요. 채소를 살 때도, 가공식품을 살 때도, 과일을 살 때도 쌍둥이는 엄마 옆에서 참견하기를 잊지 않았어요.

"엄마, 이 호박은 무농약 마크가 있어요. 값은 더 비싸도 이 호박으로 사세요."

"엄마, 여기 보시면 산도 조절제랑 아질산나트륨이 들어 있다고 써 있어요. 우리 다른 걸로 사요."

"엄마! 이 버섯은 우리 집이랑 가까운 곳에서 재배한 건가 봐요. 우리 이걸로 사요. 신선해 보이잖아요."

엄마는 쌍둥이가 무척 기특했어요. 장을 보는 내내 진열대 앞에서 자기가 먹을 음식을 진지한 눈으로 골랐거든요.

장보기가 거의 다 끝나고, 엄마가 말했어요.

"자, 우리 귀염둥이들. 오늘 엄마보다 더 열심히 장보기를 해 줘서 참 고마워. 이제 너희 간식만 사고 집으로 가자."

"야호!!"

쌍둥이는 경중경중 뛰며 간식 코너로 향했어요. 눈을 휘둥그렇게 만드는 알록달록한 수많은 과자가 쌍둥이를 유혹했지요. 하지만 알록달록할수록 식품 첨가물 때문에 건강에 좋지 않다는 것을 이미 쌍둥이는 잘 알고 있었어요.

진호가 먼저 과자를 집어 포장지를 꼼꼼히 살폈어요. 그런데 포장지에 처음 보는 마크가 그려져 있었어요. 웃는 얼굴처럼 생긴 모양이 그려져 있고, 아래에는 '어린이 기호 식품 품질 인증 제품'이라고 적혀 있었지요. 진호가 엄마한테 물었어요.

"엄마, 이 마크는 뭐예요?"

"아, 이것은 '어린이 기호 식품 품질 인증 제품' 마크란다. 어린이가 먹어도 안전하고, 영양까지 골고루 포함된 식품에만 붙일 수 있는 인증 마크야. 아이들이 먹어도 되는 음식을 지정하는 것인 만큼, 식품 의약품 안전처에서 꼼꼼하게 검사하고 지정하지. 옳지, 이 마크가 붙은 걸 보니 진호랑 준호가 먹어도 좋은 간식 같구나. 이걸로 할래?"

"네, 엄마!"

세 사람은 꼼꼼하게 장보기를 마치고 집으로 돌아왔어요.

쌍둥이는 저녁 식사를 기다리는 동안 방에서 숙제하고 컴퓨터 게임을 했어요. 그런데 엄마가 방에 들어왔어요. 엄마 손에는 무엇인가 빼곡하게 적혀 있는 종이 한 장이 들려 있었어요.

"우리 강아지들, 숙제 잘 하고 있어?"

"네. 그런데 엄마 손에 들고 계신 건 뭐예요?"

"택배가 왔는데, 안에 유기농 채소가 한가득 들어 있지 뭐니. 편지 한 통도 함께 들어 있어. 이름이 써 있는데 엄마가 모르는 사람이어서…… 이름이 '다알아?'라는데……."

진호가 반갑게 큰 소리로 외쳤어요.

"다알아? 아! 알아구나! 알아한테 온 편지예요, 엄마!"

"이름 참 특이하구나, 아무튼 알아인지 몰라인지 하는 친구한테 온 편지 같으니 읽어 보렴. 그나저나 채소가 어찌나 싱싱한지 깜짝 놀랐어. 상추부터 얼갈이까지 벌레가 송송 먹긴 했지만, 맛있으니까 벌레들도 먹은 거겠지? 엄마는 채소들 정리하러 간다."

쌍둥이는 재빨리 편지를 받아 읽어 보았어요. 편지 봉투 안에는 얼굴이 새까맣게 탄 꼬마 농부, 다알아 군의 사진과 함께 편지 한 장, 그리고 이상한 설명이 잔뜩 들어 있는 종이 한 장도 들어 있었어요. 진호가 반가운 표정으로 말했어요.

"우아, 알아는 안 본 사이에 얼굴이 더 새까매졌네. 누가 농부 아니랄까 봐. 그치?"

준호도 재미있다는 듯 킥킥대며 말했어요.

"그러게, 부럽다. 그런데 예전보다 훨씬 더 건강해 보이는걸."

쌍둥이는 편지를 읽어 내려갔어요.

진호와 준호에게

어이, 쌍둥이. 잘 살고 있냐?

너희가 떠나니까 캠프가 쥐 죽은 듯이 조용……할 줄 알았지?

사실 우리 캠프는 인기 만점이라고.

텃밭 체험부터 온갖 농촌 체험을 할 수 있는 곳이라 매주 주말이면 사람들로 붐빈단다. 그래서 이 형님께서도 눈코 뜰 새 없이 바쁘다고.

하지만 물론…… 옛정을 생각해서 너희가 놀러 온다면, 뭐 잠깐은 함께 놀아 줄 수는 있어. 물론 아주 잠깐이겠지만.

아직도 너희 햄이랑 콜라 많이 먹어? 식품 안전 캠프 수료생이니까

이제 그런 건 자주 먹지 않을 거라고 생각하지만, 오늘 우리 캠프에서 새로운 전단지가 나왔길래 너희 생각이 나서 내가 직접 재배한 작물을 수확해서 함께 보낸다. 그 전단지대로만 잘 실천하면, 건강해질 수 있을 거야.

그리고 이제 와서 하는 얘기지만…… 그때 너희한테 뭘 잘 모른다고 마구 구박한 거 미안해. 내가 맡은 역할이 악역이었거든. 그래서 어쩔 수 없었던 거야. 잘 지내고 우리 캠프에 또 놀러 와.

— 다알아 씀

편지를 다 읽고 나서 준호가 입을 열었어요.

"형, 왠지 기분이 이상해."

"그러게. 우리를 구박했던 게 다 연기였다니."

쌍둥이는 다알아의 마음씨에 감동했어요. 겨우 2박 3일이라는 짧은 시간이었지만, 자신들의 식습관을 고쳐 주기 위해 연기까지 불사한 다알아에게 많은 고마움을 느꼈지요. 또 캠프가 이미 끝났는데도 자신이 직접 기른 채소와 건강한 식생활을 위한 지침서까지 보내 주다니, 자신들은 아무것도 해 준 게 없다는 생각에 미안해지기까지 했어요.

편지와 전단지를 살펴본 진호가 굳게 결심한 듯 먼저 입을 열었어요.

"준호야, 이걸 방에 붙이자. 보면서 잘 실천해 보자. 겨우 한 번 만난 친구인데 이렇게까지 우릴 신경 써 줬으니까, 우리도 그에 대한 보답 정도는 해야지."

준호가 고개를 끄덕이며 대답했어요.

"맞아. 형. 알아는 정말 좋은 친구 같아. 그때는 엄청 얄미웠는데……. 짜식, 알고 보니 정 많은 녀석이었잖아?"

쌍둥이는 식품 안전 캠프에서 만난 사람들의 얼굴을 한 명 한 명 떠올려 보았어요. 옥수수 박사로 감쪽같이 분장한 담임 선생님, 허약하지만 눈빛만은 초롱초롱했던 걱정이, 송골송골 맺힌 이마의 땀방울을 닦던 건강한 모습의 알아, 그리고 입은 거칠지만 마음만은 부드러웠던 차먹어 할머니까지! 고마움이 새록새록 피어올랐어요.

진호와 준호는 이번 여름방학 때 꼭 다시 식품 안전 캠프에 가기로 약속했어요. 그때쯤 쌍둥이는 무척이나 달라져 있을 거예요. 햄토리 진호와 콜라킹 준호가 아닌, 건강 지킴이로요!

어린이 식품 안전 이대로 좋을까요?

그린푸드 존에 대해 들어 본 적 있나요? 어린이 식품 안전 보호 구역이라고도 해요. 학교(초·중·고교) 매점과 학교 주변 200m 이내의 통학로에 있는 문방구·슈퍼마켓 등에서 건강 저해 식품, 부정·불량 식품, 유해 첨가물 식품 등의 판매를 금지시키는 제도를 말하지요.

사회적으로 어린이 먹을거리에 대한 관심이 고조되자 2007년 2월 식품의약품안전청이 식중독·비만·영양 불균형 등으로부터 어린이의 건강을 보호하기 위하여 '어린이 먹을거리 안전종합 대책'을 발표하였고, 제도적 기반으로 어린이 식생활 안전 관리 특별법이 2008년 3월 제정(2009년 5월 개정)되었어요.

어린이 식생활 안전 관리 특별법은 어린이들이 올바른 식생활 습관을 갖도록 하기 위하여 안전하고 영양을 고루 갖춘 식품을 제공하는 데 필요한 사항을 규정함으로써 어린이 건강 증진에 기여함을 목적으로 하는 법이지요.

이 법에서 규제하고 있는 식품은 고열량·저영양 식품이에요. 이것은 식품의약품안전청이 정한 기준보다 열량이 높고, 영양가가 낮은 식품으로 비만이나 영양 불균형을 초래할 우려가 있는 어린이 기호 식품을 말해요.

하지만 학교 주변의 불량 식품은 여전히 존재하고 이로 인하여 어린이 건강은 더욱 나빠질 위험에 노출되어 있어요. 불량 식품이란 식품 위생법에 의해 영업 신고를 하지 않고 생산된 식품으로 식품의 생산·제조·유통·판매 등 어느 단계에서든 법을 위반한 제품을 말해요.

유형으로는 위해 식품, 허위 표시·과대 포장 등을 한 식품, 병든 동물 고기 등을 사용한 식품, 기준·규격이 고지되지 않은 화학 첨가물 등이 첨가된 식품, 기준·규격이 정해지지 않은 포장을 사용한 식품, 유독 기구 등을 사용한 식품 등이 있어요.

2015년 식품안전처의 조사에 의하면 전국 그린푸드 존에 있는 3만 4383곳의 조리 판매 업소 가운데 고열량 저영양 식품 등을 팔지 못하도록 지정된 우수 판매 업소는 약 8%에 불과하다고 해요. 나머지 92% 업소에서는 어린이에게 해로운 식품을 판매한다고 볼 수 있는 것이지요. 또한 2018년 KBS의 취재에 따르면 그린푸드 존에서 아직도 중국이나 인도네시아에서 수입된 불량 식품들이 팔리고 있다고 해요. 안전성을 이유로 유럽 연합에서 경고 표시를 의무화한 황색 4호, 황색 5호, 적색 40호 등의 타르 색소가 동시에 4종류 사용된 식품도 있었어요.

어린이 건강을 위하여 그린푸드 존을 좀 더 활성화하고 업소들의 자발적 참여와 안전한 어린이 먹거리 향상을 위하여 철저한 점검과 단속을 병행할 필요가 있어요. 불량 식품을 발견하면 국번 없이 112, 1399(불량 식품 통합 신고 센터), 식품 안전 소비자 신고 센터(www.mfds.go.kr) 등으로 신고가 가능하대요. 어린이가 집뿐만 아니라 다른 곳에서도 안전하고 건강에 좋은 식품을 먹을 수 있도록 해야겠지요.

건강한 식탁 만들기

기특한 쌍둥이에게 고마운 마음을 담아, 엄마가 멋진 저녁 식사를 준비해 주었어요. 그런데 엄마가 상 차리는 것을 도와 달라고 부탁하네요. 가족의 건강을 위해 어떤 반찬을 상에 올리면 좋을지, 착한 음식들을 잘 골라 보세요.

❶ 반찬 가게에서 산 원산지 표시가 없는 국적 불명의 무 장아찌

❷ 로컬 마켓에서 산 신선한 시금치 무침

❸ 수산물 이력제에 등록되어 있는 안전한 꽃게로 만든 꽃게탕

❹ 유전자 재조합 콩으로 만들고 식품 첨가물이 다량 들어 있는 두부 조림

❺ 쌍둥이네와 가까운 지역인 이천에서 생산되고, 오리 농법으로 재배한 쌀밥

❻ 다알아 군이 직접 무농약으로 건강하게 기른 얼갈이 겉절이

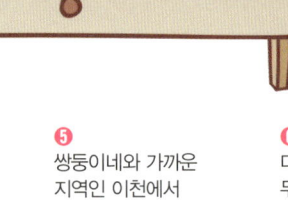

정답: 홀수 2, 홀수 3, 홀수 5, 홀수 6

식품 안전 관련 사이트

농림 축산 식품부 www.mafra.go.kr
농산·축산, 식량·농지·수리, 식품 산업 진흥, 농촌 개발 및 농산물 유통에 관한 사무를 맡아서 해요. 식량의 안정적 공급과 농산물에 대한 품질 관리, 농업인의 소득 및 경영 안정과 복지 증진, 농업의 경쟁력 향상과 관련 산업 육성, 농촌 지역 개발 및 국제 농업 통상 협력, 식품 산업 진흥 및 농산물의 유통과 가격 안정에 관한 사항 등의 업무를 봐요.

국립 농산물 품질 관리원 www.naqs.go.kr
친환경 농산물 인증, 원산지 관리, 농산물 안전성 및 농업 통계 조사, GMO 관리 등에 관한 업무들을 하는 농림 축산 식품부 소속 기관이에요.

축산물 품질 평가원 www.ekape.or.kr
국내산 축산물의 품질을 과학적 기준에 따라 평가하는 공공 기관으로, 쇠고기·돼지고기·닭고기 등 국내산 축산물에 대한 등급 판정 업무와 생산에서 소비까지 전 단계를 관리하는 축산물 이력제 사업을 주관하고 있어요.

식품 의약품 안전처 www.mfds.go.kr
식품과 건강 기능 식품·의약품·마약류·화장품·의약 외품·의료기기 등의 안전에 관한 사무를 관장하는 중앙 행정 기관이에요.

보건복지부 www.mohw.go.kr
질병과 빈곤으로부터 국민의 건강을 지키고 생활을 보호하며, 사회적 보장 업무를 맡은 중앙 행정 기관이에요.

어려운 용어를 파헤치자!

면역력 외부에서 들어온 병원균에 저항하는 힘

식품 첨가물 식품을 만들 때 여러 가지 목적으로 원재료 외에 보태어 넣는 것

영양소 인간이 생명을 유지하고 성장하며 활동하기 위해서 필요한 물질로 단백질·탄수화물·지방질·무기질·비타민 등 다섯 종류가 있어요.

에너지원 에너지를 공급하는 물질로 영양소 중에 탄수화물, 단백질, 지방질이 있어요.

발효 미생물이 자신이 가지고 있는 효소를 이용해 유기물을 분해시키는 과정을 말해요. 우리 생활에 유용하게 사용되는 물질이 만들어지면 발효라 하고 악취가 나거나 유해한 물질이 만들어지면 부패라고 해요.

훈연 나무를 태워 발생한 연기로 고기나 생선 등을 요리하는 방법이에요. 냄새를 좋게 하고 맛을 향상시키며 음식을 오래 보존할 수 있게 도와준답니다.

알레르기 어떤 외부 물질과 접한 생물체가 그 물질에 대하여 정상과는 다른 반응을 나타내는 현상

FTA(자유무역협정) 국가 간의 무역 거래에서 관세를 물지 말고 자유롭게 무역을 하자는 것으로 완전히 시장을 개방하는 것은 아니랍니다.

중탕 끓는 물 속에 음식 담은 그릇을 넣어 익히거나 데움

주의력 결핍 과잉 행동장애 아동기에 주로 나타나는 장애로, 지속적으로 주의력이 부족하여 산만하고 과다 활동, 충동성을 보이는 상태

지구 온난화 지구 표면의 평균 온도가 상승하는 현상이에요. 땅이나 물에 있는 생태계가 변화하거나 해수면이 올라가서 해안선이 달라지는 문제를 포함하기도 해요.

바이오 연료 곡물이나 식물, 나무, 해조류, 축산 폐기물 등에서 추출해 발효시키는 방식으로 만든 연료

돌연변이 유전자가 갑자기 변화하여 전에 보이지 않던 특징이 나타나고 자손에게까지 전달되는 일

작물 개량 재배하는 작물을 보다 나은 품종으로 만들어 나가는 현상

화석 연료 석탄·석유·천연가스 같은 지하 매장 자원을 이용하는 연료

국가 경쟁력 국민의 생활 수준을 향상시킬 수 있는 국가의 능력. 경제적 측면에서 국가의 생산성 또는 국민 소득을 키울 능력과 잠재적인 성장 능력

생태계 교란 외국으로부터 인위적 또는 자연적으로 들어온 종이나 유전자 변형 생물체 중 생태계 균형에 교란을 가져오거나 가져올 우려가 있는 야생 동식물들을 말해요.

GPS(global positioning system 위성 항법 장치) 비행기·선박·자동차뿐만 아니라 세계 어느 곳에서든지 인공위성을 이용하여 자신의 위치를 정확히 알 수 있는 시스템.

기호 식품 독특한 향미가 있어 기분을 돋우고 때로는 흥분 효과를 내는 식품을 가리키는 말이에요. 대표적인 식품으로는 담배, 술, 청량음료, 차, 커피, 초콜릿, 과자 등이 있어요.

생산 이력제 저농약 또는 유기농 방식으로 재배한 친환경 농·축산물에 대해 원산지, 비료나 농약 사용 성분, 질병 유무, 수확 시기 등을 공개하는 것을 말해요.

농산물 우수 관리 제도(good agricultural practices/GAP) 농산물의 생산·수확·포장·판매 단계에 이르기까지 농약·중금속·미생물 등 위해 요소를 종합 관리함으로써 전문 인증 기관의 기준에 맞는 농산물에 인증을 부여하는 제도예요.

신나는 토론을 위한 맞춤 가이드

식품 안전에 대한 이야기를 재미있게 읽었나요? 이제 식품 안전에 관한 한 박사가 다 되었다고요? 그 전에 마지막 단계인 토론을 잊지 마세요. 토론을 잘하려면 올바른 지식과 다양한 정보가 바탕이 되어야 해요. 책을 다 읽고 친구 또는 엄마와 함께 신 나게 토론해 봐요!

잠깐! 토론과 토의는 뭐가 다르지?

토론과 토의는 모두 어떤 문제를 해결하기 위해 의견을 나누는 일입니다. 하지만 주제와 형식이 조금씩 달라요. 토의는 여러 사람의 다양한 의견을 한데 모아 협동하는 일이, 토론은 논리적인 근거로 상대방을 설득하는 일이 중요합니다. 토의는 누군가를 설득하거나 이겨야 하는 것이 아니기 때문에 서로 협력해서 생각의 폭을 넓히고 좋은 결정을 내릴 때 필요해요. 반면 토론은 한 문제를 놓고 찬성과 반대로 나뉘어 서로 대립하는 과정을 거치지요.

넓은 의미에서 토론은 토의까지 포함하는 경우가 많습니다. 토론과 토의 모두 논리적으로 생각 체계를 세우고, 사고력과 창의성을 높이는 데 도움을 준답니다.

토론의 올바른 자세

말하는 사람
1. 자신의 말이 잘 전달되도록 또박또박 말해요.
2. 바닥이나 책상을 보지 말고 앞을 보고 말해요.
3. 상대방이 자신의 주장과 달라도 존중해 주어요.
4. 주어진 시간에만 말을 해요.
5. 할 말을 미리 간단히 적어 두면 좋아요.

듣는 사람
1. 상대방에게 집중하면서 어떤 말을 하는지 열심히 들어요.
2. 비스듬히 앉지 말고 단정한 자세를 해요.
3. 상대방이 말하는 중간에 끼어들지 않아요.
4. 다른 사람과 떠들거나 딴짓을 하지 않아요.
5. 상대방의 말을 적으며 자기 생각과 비교해 봐요.

체계적으로 생각하기

안전한 식품은 어떻게 고를까?

점점 외식이 많아지고 국가 간 자유무역 협정으로 외국과의 식품 교류도 늘어난 요즘 안전하고 건강한 식생활을 하기 위해 우리가 일상생활에서 주의해야 할 점들을 생각해 보고 실천할 수 있는 일들을 정리해 보세요.

예) 식품 성분표와 원산지 표시를 확인해요.

논리적으로 말하기 1

식품 첨가물 안전할까?

우리가 매일 먹고 마시는 다양한 식품들에는 식품 첨가물들이 들어 있습니다. 아래 기사는 식품 첨가물이 안전하다는 내용입니다. 아래 기사를 읽고 서로 이야기를 나누어 봅시다.

노란 바나나맛 우유가 진짜 바나나 100%로 이뤄진 게 아니라는 건 웬만한 사람들은 다 안다. 바나나 맛과 향을 내는 식품 첨가물이 진짜보다 더 진짜 같은 바나나맛 우유를 만든다. 사실 첨가물이 들어가지 않은 가공식품은 찾아보기 어렵다. 식품 첨가물 하면 왠지 몸에 해로울 것 같은데 이렇게 '마구' 먹어도 되는 걸까.

"우선 식품 첨가물을 마구 먹지 않습니다. 먹는 양을 철저하게 계산해 안전할 정도만 먹죠. 그리고 그 양만큼만 먹는다면 첨가물은 가장 안전한 물질입니다."

백형희 단국대 식품공학과 교수는 식품 첨가물의 안전성을 묻는 기자의 질문에 단호하게 말했다.

"재미있게도 식품 안전요소 중 전문가들이 가장 안전한 것으로 꼽는 것은 첨가물이고, 가장 위험한 것으로 꼽는 것은 병원성 미생물과 과영양인데 일반인은 대개 반대로 생각하죠."

백 교수는 첨가물에 대해 오해하는 게 많다고 지적한다. 우선 식품 첨가물은 대부분 자연에 없던 물질을 인공적으로 합성해 만들었다는 오해다. 현재 우리나라에서 사용할 수 있는 식품 첨가물은 모두 605종. 백 교수는 "이중 천연 첨가물이 197종"이라며 "나머지 합성 첨가물도 사카린과 합성 색소 일부를 제외하면 대부분 자연에 있는 물질을 화학적인 방법으로 만든 것일 뿐"이라고 설명했다.

동아사이언스 | 2015년 10월 29일

1. 식품 첨가물은 무엇이며 어떤 종류가 있나요?

2. 식품 첨가물은 왜 넣는 것일까요?

3. 건강을 위해 어떤 식품을 먹어야 할까요?

4. 식품 첨가물 외에 몸에 해로운 식품은 어떤 것이 있을까요?
(예) 유전자 재조합 식품

논리적으로 말하기 2

유전자 재조합 식품, 영원한 거부의 대상일까?

유전자 재조합 식품을 먹는 것은 좋지 않다고 합니다. 하지만 식량 문제를 해결하는 장점도 있습니다. 아래 기사를 읽고 친구들과 찬성이나 반대 의견을 내어 토론해 봅시다.

한쪽은 활짝 웃고 있고, 다른 한쪽은 우울한 표정을 짓고 있는 '식빵 형제'. 식빵의 과학을 이야기하려는 것일까? 아니다. 바로 녹색혁명이라고 할 정도로 한때 각광을 받았던 유전자 변형 작물에 대한 '기대'와 '현실'을 보여주는 이미지다.

지난 30년간 사람들은 GMO(유전자 재조합 식품)가 바꿔 놓을 세상에 큰 기대를 걸었다. GMO를 통해 식량난을 해결할 수 있다고 기대했다. 실제로도 상당 부분 진전을 이뤘다. GM 작물 재배지도 크게 늘어났다. 지난 해 기준으로 전 세계 28개국에서 GM 작물을 재배하고 있는데, 그 규모가 1억 7000만ha(헥타르)에 이른다. 미국, 브라질, 아르헨티나, 캐나다, 인도 등 5개 국가가 주도하고 있다. 이 같은 성과에도 불구하고, GMO에 대한 논란과 거부감도 끊이질 않고 있다. GMO 대부분이 해충 저항성 작물이나 제초제에 내성이 있는 작물에 집중돼 있어, 환경 측면에서의 혜택이 여전히 논쟁거리로 남아 있다. 환경론자들 역시 GM 작물의 안전에 의문을 제기하고 있다. 먹거리와 연관 있는 유전자 변형 식물에 대한 사람들의 반발은 특히 심하다. 이 때문에 네이처는 특집에서 빠른 상품화를 위해 유전자를 조작한 'GM 연어'를 소개했다. 이 연어는 일반 연어보다 성장 속도가 빨라 소비자들의 밥상에 올라올 수 있는 시간이 단축된다. 그러나 미국 식품 의약국(FDA)의 허가 여부를 놓고 소비자들의 찬반은 갈렸다.

동아사이언스 | 2013년 5월 6일

1. 유전자 재조합 식품이란 무엇인가요?

2. 위 기사를 읽고 유전자 재조합 식품을 찬성하는 쪽과 반대하는 쪽 모두 생각해 보세요. 그리고 각각의 주장과 이유를 글로 정리해 봅시다.

유전자 재조합 식품 찬성	유전자 재조합 식품 반대
이유:	이유:

3. 유전자 재조합 식품은 환경에 영향을 줄지 찬성과 반대로 나뉘어 친구들과 토론해 봅시다.

환경에 영향을 준다	환경에 영향을 주지 않는다
이유:	이유:

창의력 키우기

건강한 나만의 식단을 만들어 봐요

우리 몸에 필요한 영양소가 골고루 들어 있고, 식품 첨가물이 가능한 한 들어 있지 않으며 환경을 보호하고 건강에도 좋은 로컬 푸드로 나만의 건강 식단을 만들어 봅시다.

아침
(예) 잡곡밥, 미역국, 김, 달걀말이, 시금치나물, 조기구이 등

점심

저녁

예시 답안

안전한 식품은 어떻게 고를까?

우리가 먹는 음식에 어떤 성분이 들어 있는지 성분표를 살펴봅니다. 식품 첨가물이 어떤 영향을 주는지 알고 원산지 표기도 꼼꼼히 따져 보며 유전자 변형 제품인지도 알아봅니다. 가능한 한 친환경 마크가 있는 식품을 사용합니다.

식품 첨가물 안전할까?

1. 우리가 먹는 대부분의 가공식품에 첨가하는 물질을 바로 '식품 첨가물'이라고 하죠
정제수, 액상 과당, 탄산가스, 캐러멜 색소, 인산, 합성 감미료, 천연 착향료 등 많은 종류가 있어요.

2. 식품의 맛과 향기를 좋게 하거나 색이 변하는 것을 막아 주거나 시간이 지나도 상하지 않게 해 주거나 다른 재료가 잘 섞이도록 넣어요.

3. 가능한 한 우리 농산물과 축산물을 이용하고 제철에 나는 과일이나 채소를 먹는 것이 건강에 좋아요. 또 화려한 색과 향을 위해 식품 첨가물이 들어 있는 식품보다는 원재료 고유의 맛과 향을 살린 음식을 먹는 게 좋지요.

4. 유전자 변형으로 만든 콩이나 옥수수로 만든 제품 등

유전자 재조합 식품, 영원한 거부의 대상일까?

1. 식품 생산성 및 질을 높이기 위하여 본래의 유전자를 새롭게 조작·변형시켜 만든 식품을 말해요. 1995년 미국 몬산토 사가 처음으로 콩의 유전자를 조작하여 병충해에 대한 면역을 높여 수확량을 크게 늘려 이를 상품화하는 데 성공했지요. 현재 전 세계적으로 유통되는 유전자 재조합 식품은 콩·옥수수·감자 등 약 50여 개가 있대요.

2. 유전자 재조합 식품 찬성
이유: 유전자 재조합 식품은 질병이나 해충에 강하고 수확량이 많아 점차 세계적으로 문제되고 있는 식량난을 해결할 수 있어요. 또한 저장을 오래 할 수 있다는 장점도 있지요.

유전자 재조합 식품 반대
이유: 유전자 재조합 식품을 오랫동안 섭취할 경우 건강을 해칠 수 있고, 유전자를 변형함으로써 자연 생태계를 교란시켜 환경을 파괴하는 문제가 생길 수 있어요. 무엇보다 우리 몸에 어떤 영향을 미칠지 아직 정확하게 밝혀지지 않았어요.

3. 환경에 영향을 준다
이유: 유전자 변형 동식물은 다른 동물이나 식물에게 예상하지 못했던 영향을 줄 수 있고, 토종 품종을 없애거나 환경 오염을 일으킬 수 있기 때문에 영향을 준다.

환경에 영향을 주지 않는다
이유: 식품공학자와 유전학자들의 통제 아래 수많은 실험을 통해 개발되므로 환경에 특별한 영향을 주지 않는다.

건강한 나만의 식단을 만들어 봐요

아침
잡곡밥, 미역국, 김, 달걀말이, 시금치나물, 조기 구이 등

점심
호밀빵 샌드위치, 토마토 주스, 새싹 샐러드 등

저녁
현미밥, 두부 부침, 된장 찌개, 가지 조림 등